PETRVS
PAV
LVS

camino.

gemeinsam auf dem Weg

PAULUS

RICHARD ROHR

DER UNBEKANNTE MYSTIKER

Aus dem Amerikanischen
von Bruno Kern

camino.

Deutschsprachige Ausgabe:
Ein CAMINO-Buch aus der

Gesamtgestaltung:
Weiß-Freiburg GmbH – Graphik & Buchgestaltung
Druck und Bindung: Finidr, Tschechische Republik

ISBN 978-3-460-50019-0

INHALT

Der vorliegende Text geht auf einen mündlichen Vortrag des Autors mit anschließendem Gespräch am *Center for Action and Contemplation* in Albuquerque im Februar 2014 zurück. Der Vortrag trägt im amerikanischen Original ursprünglich den Titel: *Meeting the St. Paul You Never Knew.*

Für die deutsche Buchveröffentlichung hat der Autor den Text des mündlichen Vortrags bearbeitet.

EINLADUNG

Ein Test für außerordentliche Intelligenz ist die Fähigkeit, zwei gegensätzliche Ideen gleichzeitig zu verfolgen, ohne dabei verrückt zu werden.
F. SCOTT FITZGERALD

Paulus ist einer meiner großen Helden und ich bin davon überzeugt: Wenn wir wirklich in der Lage wären, die Weltsicht, für die Paulus steht, zu erfassen, dann könnte er uns an ein wahrhaft mystisches Christentum heranführen, an das, was ich ein *nichtdualistisches Denken* nenne. Für viele von uns dürfte dieser Prozess nicht mit Lernen, sondern in erheblichem Maße mit *Verlernen* verbunden sein. Denn da die meisten von uns lediglich in dualistischer Weise zu denken gelernt haben, versteht ein großer Teil der Christinnen und Christen, einschließlich der Theologen, Paulus nicht. Die Synthese, zu der Paulus letztlich gelangt, stellen sie verzerrt dar oder verfehlen sie und deshalb unterziehen sie Paulus einer ungerechtfertigten Kritik.

Paulus hat nicht so sehr Probleme gelöst, sondern die Menschen erst mit Problemen konfrontiert – so wie Jesus, wenn wir ehrlich sind. Wenn im Gottesdienst die Lektorin mit den Worten einsetzt: »Lesung aus dem Brief des Apostels Paulus an …«, dann bemerke ich oft, wie sich der Blick der Leute eintrübt. Niemand hat eine Ahnung davon, wovon Paulus innerhalb ihrer »wirklichen Welt« spricht. Doch ich bin fest davon überzeugt: Viele der gegenwärtigen Fragen allgemein menschlicher oder religiöser Natur, die uns nach wie vor beschäftigen, könnten eine tiefe Klärung erfahren, wenn nicht sogar einer Lösung zugeführt werden, wenn wir es zuließen, dass Paulus die *Voraussetzungen* unserer religiösen Suche verändert. Genau das versucht er zu tun und darin liegt auch der Grund dafür, dass er von Leuten, die ihn nicht allzu schnell »kirchlich vereinnahmen«, als ein wahrhaft *radikaler* Denker betrachtet wird.

Ich hoffe, dass Sie mir nach Lektüre dieses kleinen Buches darin zustimmen können. Es muss auch gar nicht dick und mit vielen Fußnoten versehen sein, um das Thema wirklich auf den Punkt zu bringen. Ich vertraue darauf, dass die paulinischen Texte selbst zu sprechen beginnen; wichtige Abschnitte sind deshalb gleich mit abgedruckt. Am Ende des Buches finden Sie Antworten auf einige Fragen, die mir gestellt wurden, als ich zum Thema dieses Buches gesprochen habe.

Ich glaube nicht, dass Paulus in erster Linie eine neue Religion gelehrt hat, wiewohl ich zugebe, dass es durchaus den Anschein hat. Es sieht jedoch eher so aus, als würde er das, was Religion »funktionieren« lässt, und das, was sie entschieden das Thema verfehlen oder sogar selbst zum Problem werden lässt, neu definieren. Seine Grundbotschaft ist die einer weltumspannenden Gemeinschaft im Gegensatz zu bloßer

Gruppenzugehörigkeit und die Erfahrung eines tiefen Sinns, der weit mehr ist als jede Art von bloßer Moralität oder die Organisation einer neuen Religion. Als Metapher und Beispiel für die universalen Probleme von Religion dienen ihm seine eigene frühe Erfahrung des Judentums und die ersten Jahre in der kleinen Gruppe der Christen, die, wie er feststellen muss, bereits dieselben Fehler macht. Seine – vielleicht überstrapazierte – Formel zur Lösung dieses Problems ist das »in Christus«.

Das ist eine viel umfassendere Kategorie als irgendeine Gruppenzugehörigkeit. Die Ironie der Geschichte liegt darin, dass so vieles im Christentum genau dies wieder ins Gegenteil verkehrt hat, wieder zur Gruppenzugehörigkeit, zum Sündenbockmechanismus, zur Ausgrenzung und zum Legalismus zurückgekehrt ist und es dennoch gewagt hat, die neue Christus-Rede des Paulus im Mund zu führen (wohlgemerkt, ich spreche nicht von der Jesus-Rede, denn Jesus zitiert Paulus bestürzend selten direkt!). Ich hoffe, dass es mir gelingt, diese Tür, wenn auch nur ein wenig, für Sie zu öffnen, damit Sie selbst sehen können, was Paulus zu tun versucht. Sobald Sie einmal den ersten Luftzug verspürt haben, nachdem die Tür nur einen winzigen Spalt offensteht, werden Sie selbst in der Lage sein, die Tür ganz zu öffnen. Und von hier aus wird Paulus Sie in eine sehr große, umfassende und von Hoffnung erfüllte Welt hineinführen.

WER WAR PAULUS?

Ich nenne Paulus gern einen Außenseiter, der das Innerste erobert hat – und das macht ihn so revolutionär. Er ist zunächst ein Kritiker seiner eigenen Religion, des Judentums, und der erste Kritiker aus den eigenen Reihen dieser neu gegründeten Bewegung selbst, die man später das Christentum nennen wird. Bald schon setzt er sich bei Petrus und der gesamten Jerusalemer Führungsebene durch (Galater 2,11; Apostelgeschichte 15,1–2). Manche behaupten, Jesus habe das »Reich Gottes« verkündet, also den umfassendsten Zugehörigkeitsbereich, der überhaupt möglich ist, Paulus dagegen sei der eigentliche Erfinder des Begriffs »Kirche«. Um die überaus große Vision Jesu zu vermitteln, begibt Paulus sich tatsächlich auf die Suche nach einem praktischen und sichtbaren Instrument und in gewissem Maße war er darin erfolgreich. Dafür lieben ihn manche, und viele lehnen ihn deswegen ab. Anhand dessen, was er innerhalb einer Zeitspanne von zehn bis fünfzehn Jahren in Angriff genommen hat, werden wir sehen, dass er ein echtes Organisations- und Managementtalent ist. Dieser eine Jude nahm es mit vielen Mittelmeerkulturen, mit der Hauptstadt der Intelligenzija, Athen, mit dem religiösen Establishment in Jerusalem und der ungeheuren Macht des Römischen Reiches auf – und all dies gleichzeitig und mit beachtlichem Erfolg. Was für ein Mut und was für ein Selbstvertrauen waren hierfür wohl erforderlich! Er muss ein riesengroßes Ego und ein vorbehaltloses Vertrauen auf den Heiligen Geist gehabt haben, um überhaupt den kühnen Gedanken zu riskieren, auch nur eine winzige Veränderung bewirken zu können. Alles beginnt mit der erstaunlichen Erfahrung auf dem Weg nach Damaskus, wo ihm nicht Jesus (vor seinem Tod), sondern *der auferstandene Christus* begegnete. Dies ähnelt der Erfahrung, die uns heute möglich ist, und genau aus diesem Grund ist Paulus für uns der perfekte Lehrer. Er versucht uns zu vermitteln, dass ein neuer Geist, eine neue Energie, ein neues Leben in der Welt ist, dass er es kennt und dass es ihm und der ganzen Welt in der Person Jesu tatsächlich offenbar wurde. Daran hat er nie den geringsten Zweifel.

Der Großteil der – echten oder bloß seine Autorität in Anspruch nehmenden – Briefe, von denen er keinesfalls wissen konnte, dass sie dereinst Bestandteil der Heiligen Schrift sein würden, handelt von sehr praktischen, ad hoc auftauchenden gewöhnlichen Problemen innerhalb seiner kleinen frühen Gemeinden. Und dennoch: Indem er diese Themen im »Geist Christi« (1 Korinther 2,16) betrachtet, den er erst kurz zuvor entdeckt hat, erschließt er eine wahrhaft neue Welt, die viele von uns immer noch fasziniert. Der Ausdruck, den wir heute für diesen Geist verwenden, lautet *kontemplativer (oder nichtdualistischer) Geist.* Es ist eine andere Weise, den Augenblick zu leben.

Wir werden sehen, dass seine unverwechselbare Lehrmethode darin besteht, zwei Gedanken in ein Spannungsverhältnis zueinander zu bringen und damit eine zuweilen gewaltsame Dialektik zwischen ihnen herzustellen, die er dann durchspielt in der Hoffnung, uns dadurch größere spirituelle und sogar philosophische Einsichten zu erschließen. Dies praktiziert er anhand der Gegensatzpaare Fleisch – Geist, Mann – Frau, Jude – Grieche, Gesetz – Gnade, Adam – Christus, Gegenwart – Zukunft, Weisheit – Torheit, Vernunft – Kreuz und vieler anderer scheinbarer Gegensätze. Paulus denkt in großen Begriffen und Archetypen! Während die meisten von uns sich in Kleinkram verlieren, denkt er wie alle Mystiker in Ganzheiten. Dies ist die Art und Weise, wie sein Denken funktioniert, und die meisten nachaufklärerischen Menschen können ihm hier nicht folgen. Wir sind viel zu sehr dem »Buchstaben«, der wahrscheinlich untersten und unwichtigsten Bedeutungsebene, verhaftet.

Paulus will einen Kontrast aufzeigen, den Unterschied dabei sogar überzeichnen, und dann will und kann er uns, sofern man dies zulässt, zu einer neuen Synthese, zu einem Dritten auf einer ganz neuen Ebene, hinführen. Die meisten begeben sich nicht auf die neue Ebene, sondern fahren einfach damit fort, sich innerhalb des überzeichnet dargestellten Gegensatzes auf eine Seite zu schlagen. Dualistisches Denken ergreift gern Partei, aber selbst wenn man sich für die angeblich gute Seite entscheidet, geht die kreative

Spannung verloren, indem die angeblich schlechte Seite verteufelt oder sogar völlig ausgeschaltet wird.

Aber man muss sich über den Gegensatz hinausführen lassen, anstatt sich an einer Seite der Gleichung festzubeißen, die einem Sicherheit verleiht oder ein Argument liefert. Diese dialektische Lehrmethode des Paulus verstehen wir nicht sehr gut. Ihr Ziel ist es stets, uns zu einem ausgesprochen neuen Bewusstsein zu führen, das Paulus das *Geheimnis Christi* nennt. Das Geheimnis Christi ist für ihn die Synthese von allem schlechthin. Diese »dritte Kraft« der Weisheit schafft eine völlig neue Voraussetzung, auf der Paulus dann die Reform des Judentums, des Christentums oder jedweder anderen Religion begründet. Paulus entwickelt nicht nur eine großartige Theologie. Wir werden sehen, dass er (ähnlich wie Jesus) intuitiv viele menschliche Eigenheiten, Ausreden und Motive versteht und damit in einer Weise umgeht, die vielleicht erst in der Psychologie des 20. Jahrhunderts wieder erreicht wird.

Paulus gehört nicht zu den »Zwölf«, er hat Jesus nie »dem Fleische nach« gekannt. Er ist ein Jude, der seine eigene Tradition in gewisser Weise immer verwirft, um auf einer höheren Ebene wieder zu ihr zurückzufinden. Er ist ein jüdischer Monotheist, der dennoch wie selbstverständlich über Gott als Vater, den Heiligen Geist und auch Jesus sprechen kann, den er im Glauben als den Mensch gewordenen Sohn Gottes annimmt. Er ist sich seiner Redeweise so sicher, dass es drei Jahrhunderte gedauert hat, um zu klären, was er und Jesus sagen und weswegen wir Gott später »Dreieinigkeit« nennen sollten – ein Wort, das in der Bibel nicht vorkommt. Doch woher bezieht er diese Autorität, diese innere Gewissheit, diese innere Klarheit? Sie kann nur einer völlig neuen Art persönlicher Begegnung mit Gott im eigenen tiefen Inneren entspringen. Man muss bedenken, dass die vier Evangelien noch nicht verfasst waren! Paulus vertraute also seiner eigenen inneren Erfahrung Gottes, so wie Jesus das getan hatte und wie es alle Mystiker tun. Es ist so ausgesprochen seltsam, dass eben dieses Christentum, das sich in deren Nachfolge verstand, uns nie lehrte, es ebenso zu halten.

Paulus ist nicht der Meinung, dass er seine jüdische Religion aufgibt. Während er Briefe schreibt und Gemeinden gründet, wenn er sich nach Ephesus, Korinth oder Thessaloniki begibt: Immer führt sein erster Weg ihn in die Synagoge vor Ort, da er meint, er würde das Judentum reformieren. Erst nachdem er eine Zeit lang von seinen eigenen jüdischen Glaubensgenossen beharrlich abgewiesen wurde, beginnt er zu sagen: »Vielleicht gilt diese Botschaft nicht dem Judentum, vielleicht gilt sie allen.« Und hier kommen wir ins Spiel, die Nichtjuden oder »Heiden«.

Paulus gelangt schließlich zur Überzeugung, dass er eine universale Botschaft zu verkünden hat, deren Adressaten alle sind. Und diese Überzeugung bringt ihn schon früh in Konflikt mit dem Führungskreis um Petrus, Jakobus und Johannes (vgl. das gesamte zweite

Kapitel des Galaterbriefes). Er bietet eine kosmische und umfassende Sichtweise Christi. Christus ist das präexistente, vor aller Zeit existierende Urbild (insbesondere später, im Epheser- und im Kolosserbrief, die beide wahrscheinlich auf seine Schüler zurückgehen) und derjenige, der sich mit der Menschheit in ihrer niedrigsten, am meisten erniedrigenden Gestalt identifiziert. Das meint Paulus, wenn er vom Geheimnis oder der Torheit des Kreuzes spricht. Wann immer Paulus von Christus spricht, spricht er von der *ganzen Wirklichkeit.* Christus ist das Wort, in welchem er das Grundmuster des Universums und das Ziel der Geschichte selbst zusammenfasst.

Die meisten von uns haben Paulus nicht in diesem mystischen und kosmischen Sinne verstanden. Wir bringen ihn mit einem im höchsten Maße privatisierten Heilsverständnis in Verbindung, das fast völlig moralisch und individualistisch ist. Wir haben den kosmischen und historischen Optimismus des Paulus verloren. Aber Paulus ist kein Individualist, sondern ein universaler, mystischer Denker, und solange wir ihn nicht in diesem Bezugsrahmen sehen, deuten wir ihn falsch oder verfehlen das meiste dessen, was er sagt.

KOLOSSER 1,12 – 20

Dankt dem Vater mit Freude! Er hat euch fähig gemacht, Anteil zu haben am Los der Heiligen, die im Licht sind.

Er hat uns der Macht der Finsternis entrissen und aufgenommen in das Reich seines geliebten Sohnes. Durch ihn haben wir die Erlösung, die Vergebung der Sünden.

Er ist Bild des unsichtbaren Gottes, der Erstgeborene der ganzen Schöpfung.

Denn in ihm wurde alles erschaffen im Himmel und auf Erden, das Sichtbare und das Unsichtbare, Throne und Herrschaften, Mächte und Gewalten; alles ist durch ihn und auf ihn hin erschaffen.

Er ist vor aller Schöpfung und in ihm hat alles Bestand.

Er ist das Haupt, der Leib aber ist die Kirche. Er ist der Ursprung, der Erstgeborene der Toten; so hat er in allem den Vorrang.

Denn Gott wollte mit seiner ganzen Fülle in ihm wohnen, um durch ihn alles auf ihn hin zu versöhnen.

Alles im Himmel und auf Erden wollte er zu Christus führen, der Frieden gestiftet hat am Kreuz durch sein Blut.

SCS PAULUS
Sedet hic Scripsit

EPHESER 1,3 – 10

Gepriesen sei der Gott und Vater unseres
Herrn Jesus Christus. Er hat uns mit allem
Segen seines Geistes gesegnet durch unsere
Gemeinschaft mit Christus im Himmel.

Denn in ihm hat er uns erwählt vor der Grundlegung
der Welt, damit wir heilig und untadelig leben vor ihm.

Er hat uns aus Liebe im Voraus dazu bestimmt,
seine Söhne zu werden durch Jesus Christus
und zu ihm zu gelangen nach seinem gnädigen
Willen, zum Lob seiner herrlichen Gnade. Er hat
sie uns geschenkt in seinem geliebten Sohn.

In ihm haben wir die Erlösung durch
sein Blut, die Vergebung der Sünden
nach dem Reichtum seiner Gnade.

Durch sie hat er uns reich beschenkt, in
aller Weisheit und Einsicht, er hat uns das
Geheimnis seines Willens kundgetan, wie er
es gnädig im Voraus bestimmt hat in ihm.

Er hat beschlossen, die Fülle der Zeiten heraufzuführen,
das All in Christus als dem Haupt zusammenzufassen,
was im Himmel und auf Erden ist, in ihm.

DER KOSMISCHE CHRISTUS

Paulus ist ein Griechisch sprechender Jude aus der Diaspora, aus einer kleinen Küstenstadt Tarsus in der heutigen Türkei. Er wächst in keinem jüdischen Ghetto auf: Er ist ein Kosmopolit, ein Weltenbürger, ein gebildeter, Griechisch sprechender Jude, der sich selbst als Jude versteht. Er hat bereits die größere Welt gesehen und er ist bereit, in diese größere Welt zurückzukehren. Laut der Schilderung der Apostelgeschichte besitzt er das römische Bürgerrecht (Apostelgeschichte 16,37; 22,27–28). Er spricht die Sprache der Eliten und schreibt seine Briefe in Griechisch. Er konnte sicher Hebräisch und vielleicht auch etwas Aramäisch (die Sprache Jesu), doch das waren, wie es scheint, nicht seine ersten Sprachen.

Paulus verleiht der einfachen Botschaft Jesu und dessen vielen Gleichnissen und Worten, die von sich aus keine systematische Theologie ergeben, Form und theologische Struktur. Für Paulus ist Jesus der große Verkünder eines *Geheimnisses*. Dieses Wort gebraucht Paulus gern im Sinne einer sich unendlich entfaltenden Wahrheit, die man niemals völlig besitzen kann. Ich glaube, wir können behaupten – und wenn ich das tue, bin ich kein Häretiker, es liegt vielmehr offen zutage –, dass Jesus nicht die Kirche gegründet hat, wie wir sie später im Lauf der Geschichte auffassten oder auch jetzt noch verstehen. Das bedeutet nicht zwangsläufig, dass die Kirche etwas Falsches oder Unangebrachtes wäre! Das Wort selbst (*qahal*, *ekklesia*, Versammlung, Gemeinde) wird Jesus nur zweimal in den Mund gelegt (Matthäus 16,18 und 18,17). Das zeigt klar, dass dieser Gedanke im engeren Sinne für seine Vorstellung vom »Reich Gottes« keine zentrale Bedeutung hatte. Jesus hat ewige Geheimnisse auf einer höheren und zugleich umfassenderen Ebene gelebt und verkündet und Paulus versucht dies zu Recht auf eine praktische, pastorale Ebene zu übertragen, damit sich dieses Geheimnis in programmatischer und sichtbarer Weise ereignen kann. Anhand der späteren Timotheusbriefe können wir sehen, wie es bereits organisatorische Gestalt annimmt und sich entwickelt – zum Guten oder Schlechten. Ein gewisses Maß an Institutionalisierung ist normalerweise notwendig, um eine Botschaft oder ein heiliges Gedächtnis durch die Zeiten hindurch einigermaßen unversehrt zu bewahren. Wir nehmen heute an, dass die meisten der paulinischen Gemeinden – in Korinth, Philippi, in Ephesus – wahrscheinlich nicht mehr als vierzig bis fünfundvierzig Leue umfassten. Deshalb müssen wir uns von jeglicher späteren Vorstellung einer weitreichenden Organisation oder einer riesigen anonymen Ortskirche lösen. Inmitten einer »heidnischen« Welt – und ein Jude hat die Welt als solche betrachtet – will Paulus »lebendige Beispiele«, »Lebensschulen«, kleine Gruppen schaffen, die »mitten in einer verdorbenen und verwirrten Generation ... als Lichter in der Welt« leuchten (vgl. Philipper 2,25). Solche Gruppen wachsen eher durch ihre Anziehungskraft als durch Propaganda. Wir müssen uns vor Augen halten, dass das Römische Reich im Zustand ausgesprochener Verderbtheit war: Die Mehrzahl der Bevölkerung waren Sklaven, Frauen wurden als Besitz der Männer wie Vieh behandelt und unsere Begriffe von Gerechtigkeit, Menschenwürde und Gleichheit waren vollkommen unbekannt beziehungsweise erfreuten sich keinerlei Wertschätzung.[1]

Wenn wir feststellen, dass Paulus die Sexualmoral betont, so ist er dennoch in Wirklichkeit kein Moralist. Als Mystiker geht es ihm um ein reziprokes Verhältnis zwischen den Geschlechtern. Wenn Probleme innerhalb der Gemeinde entstehen, wenn die Leute ihm erzählen, dass Korinth auseinanderbricht, dass die Armen gemieden werden, dass die Leute ihr Eheversprechen nicht halten, dann mischt er sich wie ein beschützender Vater ein, um seine kleine Familie vollkommen zu machen, damit jeder dieses Beispiel an Menschenwürde, an Miteinanderteilen und an Gleichheit der Geschlechter und sozialen Klassen preist und bewundert. Er weiß: Wenn diese ersten Pflanzstätten keine lebendigen Beispiele für eine neue Menschheit

1 Sarah Ruden, *Paul Among the People: The Apostle Reinterpreted and Reimagined in His Own Time,* New York 2010. Ruden stützt sich auf zahlreiche zeitgenössische Texte und zeichnet ein schockierendes und brutal anmutendes Bild der traurigen, ja unmenschlichen Welt, in der sich Paulus bewegte. Aus dieser Perspektive sehen wir, dass er versuchte, die Menschenwürde, deren sich viele von uns heute erfreuen, zu verkünden und wiederherzustellen.

sind, dann wird die Botschaft insgesamt keine Attraktivität entfalten und man wird Jesus nicht vertrauen. Doch wir, die wir viel später dazustoßen, vernehmen ihn zuerst auf einer moralistisch-ethischen Ebene, die heute auch einen jahrhundertealten Ballast und dazu den der eigenen Biografie mit sich schleppt – und überdies scham- und ressentimentbeladen ist. Dennoch mühte er sich ab für die Rechte des Menschen und kämpfte gegen Schande und Ungleichheit. Man könnte meinen, dass Christen dies anerkennen, wenn man sieht, dass der Feminismus und die Menschenrechte dort am stärksten und zuerst gediehen, wo das Evangelium verkündet und gehört worden war! Wir müssen dem historischen Bericht gegenüber aufrichtig sein und Paulus sowie dem Christentum den großen Vorschuss an Glaubwürdigkeit zubilligen, den sie dafür verdienen, dass sie grundlegend zur Humanisierung in dieser frühen Zeit beigetragen haben. Sozialwissenschaftler belegen dies heute viel besser als Bibelwissenschaftler und Theologen.

Wenn man Paulus in seiner Gänze liest, dann ist er überhaupt kein Moralist oder »Puritaner«. Darum geht es ihm nicht. Worauf es ihm ankommt, ist, dass man dieses großartige Bild des Christusgeheimnisses, von Gottes Identifikation mit der Geschichte und mit der Menschheit in ihren niedrigsten, erniedrigendsten Erscheinungsformen und in ihrem Leiden, in sich aufnimmt. Sein schier unglaublicher Erfolg innerhalb einer so kurzen Zeit kann sicher unter Hinweis auf die Führung des Heiligen Geistes erklärt werden, doch die neuere Forschung erkennt nun, dass er auch seine Erklärung darin findet, dass es sich um eine neue Botschaft menschlicher Würde, Freiheit und Gleichheit handelte. Das Christentum war die ursprüngliche Französische und Amerikanische Revolution auf einer viel verlässlicheren Grundlage!

Paulus schafft die mystischen Grundlagen des Christentums. Die einzigen anderen diesbezüglichen Stellen in der Bibel finden wir im Johannesevangelium und in den nichtdualistischen Logien und Reden Jesu selbst. Mysterium und Epiphanie sind nichts, was man durch bloße Bildung oder Erziehung erlangen könnte. Es handelt sich hierbei stets um Offenbarung, um stets tiefere Einsicht, um einen Durchbruch, der üblicherweise mit *Weisheit* und nicht bloß mit Wissen oder Information in Verbindung gebracht wird. Diese Art von Wissen ist etwas, an dem der Mensch bereits, ohne dass es ihm bewusst ist, teilhat (vgl. 1 Korinther 1,17–2,16, den *sermo sapientiae*, die Weisheitspredigt des Paulus). Carl Gustav Jung würde vielleicht sagen, dass es Bestandteil des kollektiven Unbewussten ist, also ein gemeinsames, halb verborgenes Wissen. Ein solches Wissen vollzieht sich von innen heraus, auch wenn man es auf irgendeiner Ebene bereits intuitiv erfasst. »Ich schreibe euch nicht, dass ihr die Wahrheit nicht wisst, sondern ich schreibe euch, dass ihr sie wisst …« (1 Johannes 2,21). Es ist das Wissen des Geistes selbst in uns – und sein Wissen als das unsere!«

Dies ist reines Bewusstsein oder, wenn es mir gestattet ist, so zu sprechen, Christus-Bewusstsein, ein trinitarischer Strom von Wissen und Liebe, in dem alles Seiende existiert. Dieser Strom voller Wirbel sorgt dafür, dass alle Dinge sich zu stets tieferer Liebe und Einheit hin entwickeln und niemals die Hoffnung oder ihre Bestimmung verlieren. Paulus war imstande, in bewussten Kontakt mit diesem Strom in ihm selbst und innerhalb der Geschichte zu treten. Dies bedeutet es, ein Mystiker zu sein. Das ist ein bisschen etwas anderes als ein Heiliger nach katholischer Auffassung. Es wird meist mit Einheit mit Gott in Verbindung gebracht, aber nicht immer mit Weisheit. Es ist wahrscheinlich einem Propheten näher verwandt.

1 KORINTHER 1,17 – 2,16

Denn Christus hat mich nicht gesandt zu taufen, sondern das Evangelium zu verkünden, aber nicht mit gewandten und klugen Worten, damit das Kreuz Christi nicht um seine Kraft gebracht wird.

Denn das Wort vom Kreuz ist denen, die verloren gehen, Torheit; uns aber, die gerettet werden, ist es Gottes Kraft. In der Schrift steht nämlich:

Ich werde die Weisheit der Weisen vernichten
und die Klugheit der Klugen verwerfen.

Wo ist ein Weiser? Wo ein Schriftgelehrter? Wo ein Wortführer in dieser Weltzeit? Hat Gott nicht die Weisheit der Welt als Torheit entlarvt? Denn da die Welt angesichts der Weisheit Gottes auf dem Weg ihrer Weisheit Gott nicht erkannte, beschloss Gott, alle, die glauben, durch die Torheit der Verkündigung zu retten. Die Juden fordern Zeichen, die Griechen suchen Weisheit. Wir dagegen verkünden Christus als den Gekreuzigten: für Juden ein Ärgernis, für Heiden eine Torheit, für die Berufenen aber, Juden wie Griechen, Christus, Gottes Kraft und Gottes Weisheit. Denn das Törichte an Gott ist weiser als die Menschen und das Schwache an Gott ist stärker als die Menschen.

Seht doch auf eure Berufung, Brüder und Schwestern! Da sind nicht viele Weise im irdischen Sinn, nicht viele Mächtige, nicht viele Vornehme, sondern das Törichte in der Welt hat Gott erwählt, um die Weisen zuschanden zu machen, und das Schwache in der Welt hat Gott erwählt, um das Starke zuschanden zu machen. Und das Niedrige in der Welt und das Verachtete hat Gott erwählt: das, was nichts ist, um das, was etwas ist, zu vernichten, damit kein Mensch sich rühmen kann vor Gott. Von ihm her seid ihr in Christus Jesus, den Gott für uns zur Weisheit gemacht hat, zur Gerechtigkeit, Heiligung und Erlösung. *Wer sich also rühmen will, der rühme sich des Herrn;* so heißt es schon in der Schrift.

Auch ich kam nicht zu euch, Brüder und Schwestern, um glänzende Reden oder gelehrte Weisheit vorzutragen, sondern um euch das Geheimnis Gottes zu verkünden. Denn ich hatte mich entschlossen, bei euch nichts zu wissen außer Jesus Christus, und zwar als den Gekreuzigten. Zudem kam ich in Schwäche und in Furcht, zitternd und bebend zu euch. Meine Botschaft und Verkündigung war nicht Überredung durch gewandte und kluge Worte, sondern war mit dem Erweis von Geist und Kraft verbunden, damit sich euer Glaube nicht auf Menschenweisheit stützte, sondern auf die Kraft Gottes.

Und doch verkünden wir Weisheit unter den Vollkommenen, aber nicht Weisheit dieser Welt oder der Machthaber dieser Welt, die einst entmachtet werden. Vielmehr verkünden wir das

Geheimnis der verborgenen Weisheit Gottes, die Gott vor allen Zeiten vorausbestimmt hat zu unserer Verherrlichung. Keiner der Machthaber dieser Welt hat sie erkannt; denn hätten sie die Weisheit Gottes erkannt, so hätten sie den Herrn der Herrlichkeit nicht gekreuzigt. Nein, wir verkünden, wie es in der Schrift steht, *was kein Auge gesehen und kein Ohr gehört hat, was in keines Menschen Herz gedrungen ist, was Gott denen bereitet hat, die ihn lieben.*

Uns aber hat es Gott enthüllt durch den Geist. Der Geist ergründet nämlich alles, auch die Tiefen Gottes. Wer von den Menschen kennt den Menschen, wenn nicht der Geist des Menschen, der in ihm ist? So erkennt auch keiner Gott – nur der Geist Gottes. Wir aber haben nicht den Geist der Welt empfangen, sondern den Geist, der aus Gott stammt, damit wir das erkennen, was uns von Gott geschenkt worden ist. Davon reden wir auch, nicht mit Worten, wie menschliche Weisheit sie lehrt, sondern wie der Geist sie lehrt, indem wir den Geisterfüllten Geistgewirktes deuten. Der irdisch gesinnte Mensch aber erfasst nicht, was vom Geist Gottes kommt. Torheit ist es für ihn und er kann es nicht verstehen, weil es nur mit Hilfe des Geistes beurteilt werden kann. Der geisterfüllte Mensch aber urteilt über alles, ihn selbst vermag niemand zu beurteilen. Denn *wer begreift den Geist des Herrn? Wer kann ihn belehren?* Wir aber haben den Geist Christi.

DIE TORHEIT DES KREUZES

Paulus nimmt Jesu Rede vom »Reich« oder der »Königsherrschaft« Gottes (das *Große Bild)* auf und er übersetzt es auch ins Politische. Wir können das vielleicht nicht erkennen, weil wir niemals unter einem Imperator gelebt oder einen Treueeid geleistet haben. Wenn er bei mehreren Gelegenheiten stolz verkündet: »Jesus ist der Herr« (das erste Glaubensbekenntnis!), dann ist das eine subversive Aussage mit direkten politischen Konsequenzen; er sagt damit klar und deutlich, dass der Kaiser *nicht* »der Herr« ist. Dieser fremde jüdische Bursche kommt dahergelaufen und sagt: »Nein, *Jesus* ist der Herr!« Damit wird das Römische Reich direkt herausgefordert und man hat es auch so verstanden.

Auch auf die hellenistische intellektuelle Welt, auf das Denken der Menschen seiner Zeit, lässt Paulus sich ein. Als gebildeter Mensch hat man damals die griechische Kultur verehrt und nachgeahmt. Das gesamte Neue Testament ist auf Griechisch, der verbindenden Kultursprache, geschrieben und nicht auf Lateinisch oder Hebräisch. Und dennoch wagt er es auch, das griechische Denken zu kritisieren (1 Korinther 1,17–2,9), und wir werden noch sehen, dass diese Kritik einen der wichtigsten dialektischen Gegensätze darstellt. Er stellt das griechische Denken den »Juden«

gegenüber. Sein Codewort für eine konservative Religion lautet »die Juden«. Sie bilden das Gegenstück zu den Griechen oder den »liberalen« Gebildeten. Und er sagt tatsächlich: Ihr liegt beide falsch! So bereitet er uns auf *etwas Drittes* vor, das er oftmals »die Torheit des Kreuzes« nennt. Für Paulus erweist sich diese völlig unplausible Botschaft sowohl der Philosophie als auch der Religion als überlegen, die beide bloß entweder den Bereich des Denkens oder Reinheitskategorien idealisieren. Keine von beiden – so behauptet er – kann Frieden oder Glück gewähren. Das Besondere am Evangelium liegt darin begründet, dass es Unordnung und Unreinheit – ja sogar das Tragische – mit einschließt und dazu benutzt, »Ordnung« auf einer ganz neuen Ebene herzustellen, die nur für die Seele, aber niemals für das Ego Sinn ergibt! Wer hätte das gedacht? Nur Gott in Christus Jesus, sagt Paulus.

Nun kann man Paulus in diesem Zusammenhang nicht als Antisemiten bezeichnen. Er sagt ganz einfach: »Meine Tradition ist das beste und zugleich auch das schlechteste Fallbeispiel für Religion.« Und wahrscheinlich denkt er genauso über die griechische Philosophie. Dasselbe tue ich auch, wenn ich den Katholizismus oder das Christentum allgemein kritisiere: Man ist nur dazu berechtigt, seine eigene Religion als Beispiel dafür heranzuziehen, wie man es richtig oder falsch macht. Am wirkungsvollsten ist Kritik dann, wenn sie von innen heraus erfolgt. Paulus greift also die beiden großen Entwürfe auf, die für gewöhnlich die ganze Welt zu erklären versuchen, nämlich Philosophie und Religion, und zwar insbesondere in ihrer ideologischen Gestalt. Wiederum haben wir es hier mit einen Mann zu tun, der über ein großes Ego verfügt! Doch Gott musste ihm das zugestehen, sonst wäre er niemals dazu in der Lage gewesen, die Dinge für die gesamte nachfolgernde Geschichte in so neuartiger Weise zu entwerfen. Paulus lehrt: Die ganze Wirklichkeit ist von Leid gezeichnet. Der einzige Weg, diese Realität anzuerkennen und in sich selbst und im Blick auf die anderen damit umzugehen, ist der Weg des Mit-Leidens und des Friedens. In kühner Weise nennt er dies »mit Christus gekreuzigt sein« (Galater 2,19; 6,14).

Trotz der bestechenden Brillanz seiner Antwort hat fast die gesamte Christenheit Zuflucht in irgendeinem »Ismus« gesucht, um damit Sicherheit und Kontrolle zu erlangen – und damit die neue und wunderbare Einladung des Paulus und Jesu selbst ausgeschlagen. Leiden kann niemals ein »Ismus« sein. Die Voraussetzung, der Paulus ganz entschieden den Boden entzog, war die falsche Annahme, dass Religion ein Ensemble erforderlicher Bedingungen darstelle, um Gott zu gefallen. Er wusste, dass dieses Problem für alle Zeiten durch das Leben und die Lehre Jesu offenbar gemacht und gelöst worden war. Doch für den Großteil des Christentums, das danach kam, war diese Antwort zu gut, um wahr zu sein. Wir sind in eine karge Welt zurückgeglitten, obwohl uns eine wunderbare Welt der überbordenden Fülle erschlossen worden war.

DIE DIALEKTIK DES PAULUS

In der dialektischen Methode, die der Art des Lehrens bei Paulus zugrunde liegt, geht es um eine Erkenntnis dadurch, dass man auf zwei gegensätzlichen Kräften beharrt, um den Übergang auf eine höhere Ebene zu erzwingen, auf der eine Lösung möglich ist. Ein solcher Prozess kann und will einen über das gewöhnliche, übliche dualistische Denken und die allzu vorhersehbare Antwort in die eine oder andere Richtung hinausführen. Er legt uns immer wieder zwei scheinbar gegensätzliche Gedanken vor, die jeweils, wenn man dabei stehen bleibt, das Gegenteil bestreiten, einem Gedanken sogar in gewissem Maß widerstehen können, aber einen oft zu einer umfassenderen neuen Einsicht führen. Jesus tat dasselbe in seinen Gleichnissen und in vielen seiner Logien wie etwa: »Die Letzen werden die Ersten sein und die Ersten werden die Letzten sein.« Nichtduales Denken ist eine ziemlich perfekte Beschreibung dessen, was wir heute unter kontemplativem Denken verstehen. Dies ist die Art, wie ein Mystiker denkt und weswegen er imstande ist, Feinde zu lieben, über Beleidigungen großzügig hinwegzugehen und bei Problemen und Gruppenkonflikten Versöhnung zu bewirken. Und natürlich glaube ich, dass das Denken des Paulus zutiefst mystisch ist, dass er nicht in Gegensätzen, sondern in ganzheitlicher Weise denkt.

Er führt einen überraschenderweise auf eine höhere Bewusstseinsebene, indem er einen zwischen die beiden Seiten eines Dilemmas hineinzwingt. Und zeitweise scheint er in seinen Briefen diese scheinbaren Dilemmata selbst zu erzeugen. Wir sind nachaufklärerische, rationale Denker und was macht ein solcher Verstand? Er ergreift unmittelbar Partei. Die meisten harren nicht lange genug oder nicht gut genug im Geist des Gebets bei Paulus aus, um dorthin zu gelangen, wohin er uns mitnehmen will (das wird noch dadurch verschlimmert, dass man Paulus in Form kurzer Schriftlesungen hört). Doch wenn man sich auf seinen Gedanken einlässt und beharrlich dabei bleibt, kann man erkennen, dass er das Dilemma stets auf einer höheren Ebene, jenseits des Konflikts, den er zuerst erzeugt, löst. (Ich bin selbstbezogen genug, um dasselbe von mir zu behaupten. Die Leute, die mich als Häretiker bezeichnen, haben für gewöhnlich wenig von mir gelesen.) Dieses Vorgehen ist nicht genau das, was man die Bildung einer Synthese nennt, sondern vielmehr ein Durchbruch des Bewusstseins oder die Vermittlung einer Einsicht in Gestalt einer Epiphanie. Genau das, was ein *koan* im Zen bewirkt. Einige von uns nennen das »Denken der dritten Kraft«, das große Weisheit hervorbringen kann. Es weigert sich, bei einer vereinfachenden Behauptung stehen zu bleiben oder sie abzustreiten. Dies geht dann tendenziell immer so weiter, nimmt immer größere Formen an und erfordert einen immer stärkeren Einsatz des eigenen Ego.

1 KORINTHER 12,12 – 27

Denn wie der Leib einer ist, doch viele Glieder hat, alle Glieder des Leibes aber, obgleich es viele sind, einen einzigen Leib bilden: So ist es auch mit Christus. Durch den einen Geist wurden wir in der Taufe alle in einen einzigen Leib aufgenommen, Juden und Griechen, Sklaven und Freie; und alle wurden wir mit dem einen Geist getränkt. Auch der Leib besteht nicht nur aus einem Glied, sondern aus vielen Gliedern.

Wenn der Fuß sagt: Ich bin keine Hand, ich gehöre nicht zum Leib!, so gehört er doch zum Leib. Und wenn das Ohr sagt: Ich bin kein Auge, ich gehöre nicht zum Leib!, so gehört es doch zum Leib. Wenn der ganze Leib nur Auge wäre, wo bliebe dann das Gehör? Wenn er nur Gehör wäre, wo bliebe dann der Geruchssinn?

Nun aber hat Gott jedes einzelne Glied so in den Leib eingefügt, wie es seiner Absicht entsprach. Wären alle zusammen nur ein Glied, wo bliebe dann der Leib? So aber gibt es viele Glieder und doch nur einen Leib. Das Auge kann nicht zur Hand sagen: Ich brauche dich nicht. Der Kopf wiederum kann nicht zu den Füßen sagen: Ich brauche euch nicht. Im Gegenteil, gerade die schwächer scheinenden Glieder des Leibes sind unentbehrlich. Denen, die wir für weniger edel ansehen, erweisen wir umso mehr Ehre und unseren weniger anständigen

Gliedern begegnen wir mit umso mehr Anstand, während die anständigen das nicht nötig haben.

Gott aber hat den Leib so zusammengefügt, dass er dem benachteiligten Glied umso mehr Ehre zukommen ließ, damit im Leib kein Zwiespalt entstehe, sondern alle Glieder einträchtig füreinander sorgen. Wenn darum ein Glied leidet, leiden alle Glieder mit; wenn ein Glied geehrt wird, freuen sich alle Glieder mit. Ihr aber seid der Leib Christi und jeder Einzelne ist ein Glied an ihm.

DAS EINE UND DIE VIELEN

Für etliche gilt als die erste, die grundlegende philosophische Fragestellung das *Problem des Einen und des Vielen*; Paulus löst dieses Problem auf brillante Weise. Er legt seinen Akzent zunächst auf das Individuum, das persönlich in Christus verwandelt wird (was an sich zu seiner Zeit sehr selten war). Er oder sie ist gerechtfertigt einfach durch das Vertrauen auf Gottes Güte und nicht durch irgendeinen Grundsatz der Lebensführung (dies wäre ein weiteres Dilemma, das er erzeugen wird), doch dann löst er jede Art von exzessivem Individualismus und das, was später »westliche Introspektion« (so nennt es Krister Stendahl) heißen wird, durch seinen sehr stark korporativ akzentuierten Begriff des *Leibes* Christi auf.[2] Einige von uns sind ein Auge, einige ein Fuß, einige ein Ohr, einige eine Hand – jeder von uns ist ein Teil. Doch die einzige Möglichkeit, seinen individuellen Charakter zu schätzen und auszuprägen, ist die Anerkenntnis, dass man auch ein Glied des ganzen Leibes ist. Nur der ganze Leib kann für Paulus das Gewicht der Herrlichkeit und die Last der Sünde tragen. Er hat hier sicher recht. Für Paulus erlöst Gott die Geschichte selbst (Römer 8) und die Individuen sind in diesen großen Sieg einbezogen.

2 Krister Stendahl, »Paulus und das introspektive Gewissen des Westens«, in: Kirche und Israel 11 (1996), 19–33.

Die beste Art und Weise, die eigene Zugehörigkeit zum korporativen Leib zu würdigen, ist es, sie in ein ausgewogenes Verhältnis zur individuellen Würde zu bringen, und auch umgekehrt. Eine solche Ganzheit und dennoch Ausgewogenheit ist es, die einen Mystiker, und gewiss auch Paulus, auszeichnet. Ich bin ehrlich gesagt der Meinung, dass die meisten Christen weit davon entfernt sind, die tiefe Bedeutung der dritten Kraft der Weisheit in der Lehre des Paulus vom Leib Christi, der sich aus vielen Gaben und vielen Funktionen zusammensetzt, zu würdigen. Wir haben nun gut fünfhundert Jahre westlichen Individualismus hinter uns, weil wir uns weitgehend für das individualistische Ende des Spektrums entschieden haben – mit verheerenden Folgen für den Menschen, die Politik, die Gemeinschaft und die Erde selbst. Das Große Evangelium wurde zu einem privaten Evakuierungsplan in eine andere Welt. In den entwickelten westlichen Ländern triumphiert immer der Vorrang des Individuellen, das niemals in ein ausgewogenes Verhältnis mit irgendeinem gesellschaftlichen Konstrukt oder dem ersten moralischen Prinzip des Gemeinwohls gebracht wird – und genau dies ist der große Balanceakt, den jeder wahre Mystiker ganz selbstverständlich vollzieht. Die Mystiker ehren, leben und strahlen sowohl das Eine wie auch den Menschen mit gleicher Leidenschaft aus.

GALATER 3,19 – 4,7

Warum gibt es das Gesetz? Wegen der Übertretungen wurde es hinzugefügt, bis der Nachkomme käme, dem die Verheißung gilt. Es wurde durch Engel erlassen und durch einen Mittler bekannt gegeben. Der Mittler jedoch ist nicht der Mittler eines Einzigen; Gott aber ist der Eine. Steht also das Gesetz gegen die Verheißungen Gottes? Keineswegs! Wäre ein Gesetz gegeben worden, das die Kraft hat, lebendig zu machen, dann käme in der Tat die Gerechtigkeit aus dem Gesetz; aber die Schrift hat alles unter der Sünde eingeschlossen, damit die Verheißung aus dem Glauben an Jesus Christus denen gegeben wird, die glauben. Ehe der Glaube kam, waren wir vom Gesetz behütet, verwahrt, bis der Glaube offenbar werden sollte. So ist das Gesetz unser Erzieher auf Christus hin geworden, damit wir aus dem Glauben gerecht gemacht werden. Nachdem aber der Glaube gekommen ist, stehen wir nicht mehr unter dem Erzieher. Denn alle seid ihr durch den Glauben Söhne Gottes in Christus Jesus.

Denn ihr alle, die ihr auf Christus getauft seid, habt Christus angezogen. Es gibt nicht mehr Juden und Griechen, nicht Sklaven und Freie, nicht männlich und weiblich; denn ihr alle seid einer in Christus Jesus. Wenn ihr aber Christus gehört, dann seid ihr Abrahams Nachkommen, Erben gemäß der Verheißung. Ich sage aber: Solange der Erbe unmündig ist, unterscheidet er sich in keiner Hinsicht von einem Sklaven, obwohl er Herr ist über alles; er steht unter Vormundschaft und sein Erbe wird verwaltet bis zu der Zeit, die sein Vater festgesetzt hat. So waren auch wir, solange wir unmündig waren, Sklaven der Elementarmächte dieser Welt.

Als aber die Zeit erfüllt war, sandte Gott seinen Sohn, geboren von einer Frau und dem Gesetz unterstellt, damit er die freikaufe, die unter dem Gesetz stehen, und damit wir die Sohnschaft erlangen. Weil ihr aber Söhne seid, sandte Gott den Geist seines Sohnes in unsere Herzen, den Geist, der ruft: Abba, Vater. Daher bist du nicht mehr Sklave, sondern Sohn; bist du aber Sohn, dann auch Erbe, Erbe durch Gott.

GESETZ UND FREIHEIT

Paulus verwendet die Ausdrücke *Juden* und *Griechen* als Codewörter: die »Juden« für religiöse Frömmigkeit auf der einen Seite – innerhalb seiner Welt ist Frömmigkeit vom Judentum repräsentiert, dessen Grundlage das Gesetz ist –, auf der anderen Seite die »Griechen« für Weisheit und Wissenschaft, mit ihnen sind alle hochstehenden Denker und Intellektuellen gemeint. Diese beiden Gruppen haben normalerweise wenig gemeinsam. Paulus sagt tatsächlich: Ihr Juden meint, dass ihr Rechtfertigung erlangen und Ordnung herstellen würdet, indem ihr Gesetze durchsetzt und euch an sie haltet, wie dies die meisten religiösen Menschen machen (dies hat sich bis heute nicht geändert); und ihr gebildeten Leute besucht die Universitäten von Havard und Cambridge und bildet euch ein, eure Legitimation und Ordnung durch richtige Information und entsprechendes Wissen zu erlangen. Und er besteht darauf, dass beide falsch liegen!

Paulus versucht hier das ewige Problem des Bösen, des Tragischen, der Absurdität, der Ungerechtigkeit und Unordnung zu lösen, das im Innersten allen Lebens schwelt. »Griechen« versuchen dies, indem sie mehr Bücher lesen und folgende Antwort formulieren: Erwirb genügend Bildung und du wirst imstande sein, das Problem des Tragischen im Leben zu lösen. Der religiöse Mensch oder der »Jude« meint, er könne dieses Tragische im Leben durch Gehorsam den Gesetzen gegenüber, durch den Besuch der Kirche, der Synagoge oder der Moschee, oder durch das Lesen der Heiligen Schriften bewältigen. Sie werden für gewöhnlich starr und selbstgerecht. Und Paulus sagt: Gott hat uns in Jesus einen Weg jenseits dieser Alternativen gezeigt. Gott akzeptiert und vergibt alle Unvollkommenheit und wendet sie zum Guten. Gottes Vollkommenheit besteht in der Tat genau darin, die Unvollkommenheit zu integrieren! Dies kann als die Fähigkeit unendlichen Erbarmens betrachtet werden. Das Codewort des Paulus für diese Offenbarung ist das Kreuz oder die *Torheit des Kreuzes*. Man bedenke, dass dies immer noch kein kirchlicherseits abgesegnetes Logo geworden ist! Gott nimmt also das Problem in die Lösung mit auf. Das ist eine Antwort im Sinne der dritten Kraft, die der Großteil der Christenheit bis heute nicht verstanden hat. Gebildete Leute schlagen den Weg der richtigen Information ein und die frommen, einfachen Leute bedienen sich der Rituale und Gesetze. Und Paulus sagt, dass beide das Wesentliche verfehlen. Keine der beiden Alternativen erfordert wirklich Liebe oder eine Änderung des eigenen Herzens. Paulus glaubt daran, dass sich Gott durch Jesus mit der Menschheit und deren niedrigstem, am meisten erniedrigenden Teil identifiziert hat und diese Menschheit genau an dieser Stelle liebte! Das ist wiedergutmachende Gerechtigkeit anstelle von Verteilungsgerechtigkeit. Im Römerbrief sagt er: »Er wurde zur Sünde.« Was bedeutet das nun wieder? Dass er zum Problem geworden ist, damit wir damit aufhören, uns einzubilden, das Problem umgehen zu können – und vergeben lernen, ja sogar die Wunde, die alle Dinge mit sich tragen, lieben lernen. Das spätere Glaubensbekenntnis wird es mit den Worten zum Ausdruck bringen: »abgestiegen zu der Hölle«, um eben diese mit seiner Gegenwart zu erfüllen, und damit ist sie nicht mehr Hölle. Dies erfuhr in der Ostkirche und innerhalb der Ikonenverehrung mehr Wertschätzung als im weniger kontemplativen Westen.

Seien wir ehrlich: Die Botschaft vom Kreuz ergibt rational betrachtet oder für das Ego keinen Sinn. Sie ergibt nur Sinn für jemanden, der betet, und für jemanden, der leidet, oder aber für jemanden, der die anfanghafte Erfahrung der Vereinigung gemacht hat: Leben und Tod Gottes vollziehen sich in mir, durch mich, mit mir, ja *ich selber bin dieses Geschehen*! Ich bin ein Teil dieses ganzen Prozesses und mein Leben ist geradeso wie das Leben Jesu Teil dieses universalen Stroms, der stets auf jeder Ebene des Universums fließt. Jesus entwirft für uns das universale Muster aller Dinge: göttliche Geburt, Offenbarung, Versuch und Scheitern, Tod, Auferstehung, Erhöhung und Wiederkunft. Er führt uns den ganzen Weg entlang hin zum letzten Kapitel und er sagt, dass Versuch, Scheitern, Kreuzigung und Tod eben *nicht* das letzte Kapitel sind. Im Vertrauen auf dieses Grundmuster Jesu sind wir in der Lage zu glauben, dass das letzte Kapitel der Geschichte und jedes menschlichen Lebens immer die Auferstehung ist. (Für diejenigen, die eine »biologische« Erklärung vorziehen, lauten die Worte: Wachstum, Verfall, Verwandlung.) In christlicher Terminologie wird dieses Letzte Stadium umschrieben mit: »wenn Gott alles in allem sein wird« (1 Korinther 15,28). Es ist also eine sehr hoffnungsvolle, optimistische Botschaft, die jegliche Ungeordnetheit als Rohmaterial für eine ausgesprochen neue Ordnung benutzt. Dies ist die Lösung des Problems des Bösen, wie Jesus und Paulus sie anbieten, »während die Juden Zeichen fordern und die Griechen Weisheit suchen« (1 Korinther 1,23). Doch Paulus beharrt darauf, dass nur die Offenbarung des Kreuzes, an dem Gott die Tragödie in einen Sieg verwandelt, das Problem wirklich zu lösen vermag, jedoch auf eine dem Verstand völlig widerstrebende Weise, die nur die Seele erfassen kann.

GALATER 5,1 – 26

Zur Freiheit hat uns Christus befreit. Steht daher fest und lasst euch nicht wieder ein Joch der Knechtschaft auflegen! Siehe, ich, Paulus, sage euch: Wenn ihr euch beschneiden lasst, wird Christus euch nichts nützen. Ich bezeuge wiederum jedem Menschen, der sich beschneiden lässt: Er ist verpflichtet, das ganze Gesetz zu halten. Ihr, die ihr durch das Gesetz gerecht werden wollt, seid von Christus getrennt; ihr seid aus der Gnade herausgefallen. Denn wir erwarten im Geist aus dem Glauben die Hoffnung der Gerechtigkeit. Denn in Christus Jesus vermag weder die Beschneidung noch die Unbeschnittenheit etwas, sondern der Glaube, der durch die Liebe wirkt. Ihr liefet gut. Wer hat euch gehindert, weiter der Wahrheit zu folgen? Was man auch gesagt hat, um euch zu überreden: Es kommt nicht von dem, der euch beruft. Ein wenig Sauerteig durchsäuert den ganzen Teig. Ich vertraue auf euch im Herrn, dass ihr nicht anders denken werdet. Wer euch verwirrt, wird das Urteil zu tragen haben, wer es auch sei. Ich aber, Brüder und Schwestern, wenn ich noch die Beschneidung verkündete – warum werde ich dann verfolgt? Damit wäre ja das Ärgernis des Kreuzes beseitigt. Diese Leute, die Unruhe bei euch stiften, sollen sich doch gleich entmannen lassen.

Denn ihr seid zur Freiheit berufen, Brüder und Schwestern. Nur nehmt die Freiheit nicht zum Vorwand für das Fleisch, sondern dient einander in Liebe! Denn das ganze Gesetz ist in dem einen Wort erfüllt: Du sollst deinen Nächsten lieben wie dich selbst! Wenn ihr aber einander beißt und fresst, dann gebt Acht, dass ihr nicht einer vom anderen verschlungen werdet! Ich sage aber: Wandelt im Geist, dann werdet ihr das Begehren des Fleisches nicht erfüllen!

Denn das Fleisch begehrt gegen den Geist, der Geist gegen das Fleisch, denn diese sind einander entgegengesetzt, damit ihr nicht tut, was ihr wollt. Wenn ihr euch aber vom Geist führen lasst, dann steht ihr nicht unter dem Gesetz.

Die Werke des Fleisches sind deutlich erkennbar: Unzucht, Unreinheit, Ausschweifung, Götzendienst, Zauberei, Feindschaften, Streit, Eifersucht, Jähzorn, Eigennutz, Spaltungen, Parteiungen, Neid, maßloses Trinken und Essen und Ähnliches mehr. Ich sage euch voraus, wie ich es früher vorausgesagt habe: Wer so etwas tut, wird das Reich Gottes nicht erben. Die Frucht des Geistes aber ist Liebe, Freude, Friede, Langmut, Freundlichkeit, Güte, Treue, Sanftmut und Enthaltsamkeit; gegen all das ist das Gesetz nicht. Die zu Christus Jesus gehören, haben das Fleisch und damit ihre Leidenschaften und Begierden gekreuzigt. Wenn wir im Geist leben, lasst uns auch im Geist wandeln! Lasst uns nicht prahlen, nicht einander herausfordern und einander nicht beneiden!

Ein weiteres Dilemma, das Paulus erzeugt, ist das zwischen *Tradition und Freiheit*. Er sagt im Wesentlichen: »Ich bin gekommen, um euch den Weg der Freiheit zu zeigen«, doch dann zählt er alle Hindernisse auf, die sich echter Freiheit in den Weg stellen, und meint, eines dieser Hindernisse ist oftmals die Religion selbst (vgl. Galater 5,1–26). Er sieht, dass sich viele Menschen in menschengemachten Traditionen, Formeln, Riten und Ansprüchen verlieren, von denen wir annehmen, dass Gott ihrer bedarf oder sich etwa um sie schert. Deshalb ist ein spiritueller und intelligenter Umgang mit der Schrift und der Tradition so wichtig, ansonsten werden sie Paulus zufolge wiederum zur Sklaverei. Und er geht sogar so weit, religiöse Gesetze als »Fluch« zu bezeichnen (Galater 3,1–14).

Er weiß natürlich, dass man sich nach wie vor um die Einhaltung des Gesetzes bemühen muss, sonst wird man »maßlos« (Gal 5,13–14), deshalb bringt er sich selbst in kluger und rechter Weise ins rechte Lot. Es geht nicht darum, Gesetze einfach zu ignorieren, sondern man muss – wie Jesus sagt – ihren wahren Zweck und ihre wahre Absicht herausfinden (Matthäus 5,17–20).

Dennoch anerkennt er, dass man spirituelle Gesetze nicht einfach dadurch einhalten kann, dass man es immer verbissener versucht oder heroische Gebote findet, denen man Folge leistet, sondern nur, indem man *bei der Unendlichen Quelle verweilt und aktiv aus ihr schöpft*. Im Römerbrief sagt Paulus denn auch, dass das

Gesetz gegeben wurde, um unser Versagen sicherzustellen (Römer 7,7–13)! Das Gesetz ist der ideale Hintergrund, vor dem unsere ständige Angewiesenheit auf das Erbarmen sichtbar werden kann, und lehrt uns auf diese Weise auch Demut, Geduld, Mitleid und ein stets tieferes Vertrauen auf die Gnade anstatt bloßer Selbstbezogenheit und bloßem Vertrauen auf die eigene Kraft. Das Zwölf-Schritte-Programm der Anonymen Alkoholiker und anderer Selbsthilfegruppen hat genau dasselbe im Zusammenhang des Kampfes gegen die Süchte im 20. Jahrhundert entdeckt.[3] Wenn man versucht, das Gesetz auf ein Gesetz zurechtzustutzen, dem man gehorchen kann oder dem andere gehorchen sollten, hat man fast immer das Entscheidende verfehlt (das ist der Fall bei zölibatär lebenden Klerikern, die einzelne moralische Fragen wie Abtreibung, Geburtenkontrolle und verschiedene Ehegesetze betonen, die ihnen persönlich gar nichts abverlangen).

Paulus zufolge ist der spirituelle Sinn des Gesetzes nicht der, die gesellschaftliche Ordnung sicherzustellen oder die moralische Überlegenheit des Einzelnen zu begründen, was ja die meisten wollen. Der spirituelle Sinn des Gesetzes liegt darin, uns zu helfen einzusehen, »dass ich es nicht selber machen kann«. Wer von uns ist zu bedingungsloser Liebe fähig? Wer von uns ist imstande, seinen Feinden zu vergeben? Wer von uns kann über Brüskierungen und Beleidigungen

3 Vgl. Richard Rohr, Zwölf Schritte der Heilung. Gesundheit und Spiritualität, Freiburg im Breisgau 2013.

einfach hinwegsehen? Paulus sagt deshalb, die Anforderungen des Gesetzes bestätigen das Versagen, denn nur, wenn man an diesem Punkt angelangt ist, kann man lernen, aktiv aus der Größeren Quelle zu schöpfen und so zur »wahren Absicht des Gesetzes« vorzudringen (vgl. Matthäus 5,18), nämlich einer Begegnung mit einem barmherzigen Gott, der uns umfängt, hält, befähigt und uns auf unserem Weg begleitet. Die Zehn Gebote sind für die Gesellschaftsordnung notwendig. Die acht Seligpreisungen Jesu entspringen einer Begegnung mit Gott und sind über der Gesetzgebung und den Geboten angesiedelt, jenseits von ihnen.

Unsere Freiheit besteht nicht darin, *das tun zu müssen, was wir tun wollen* (das wäre Sucht), sondern inmitten einer viel größeren, Teilhabe gewährenden und allumfassenden Liebe zu leben, die uns dazu motiviert, *das tun zu wollen, was wir tun müssen*. Gewöhnlich entscheidet sich Religion in ihrem frühesten Stadium in dualistischer Manier für eine Seite der Gleichung, für Gesetz und Tradition, was allzu oft in Legalismus mündet. Die Welt versuchte in einer zornigen Reaktion darauf ihre Freiheit durch Ereignisse wie die Französische oder die Amerikanische Revolution oder durch regelrechte Ablehnung jedweder Gesetze, durch Rückzug in sich selbst oder durch das zornige Aufbegehren wiederzuerlangen, das den Westen bis auf den heutigen Tag zu einem guten Teil charakterisiert. Doch Paulus bietet uns einen sehr reichhaltigen und reifen Begriff von Freiheit. Es handelt sich nicht um einen bloß politischen Begriff struktureller Freiheit, sondern um eine innere Haltung und um die Befreiung von dem kleinen Ego, die »Liebe, Freude, Frieden, Langmut, Freundlichkeit, Güte, Treue, Sanftmut und Selbstbeherrschung« (Galater 5,22) hervorbringt. Diese sind die »Früchte des Geistes« nach Paulus und dies ist immer noch eine ziemlich umfassende Beschreibung einer freien, befreiten Person bis heute.

RÖMER 8,1 – 23

Jetzt also gibt es keine Verurteilung mehr für die, welche in Christus Jesus sind. Denn das Gesetz des Geistes und des Lebens in Christus Jesus hat dich frei gemacht vom Gesetz der Sünde und des Todes. Denn weil das Gesetz, ohnmächtig durch das Fleisch, nichts vermochte, sandte Gott seinen Sohn in der Gestalt des Fleisches, das unter der Macht der Sünde steht, wegen der Sünde, um die Sünde im Fleisch zu verurteilen; dies tat er, damit die Forderung des Gesetzes durch uns erfüllt werde, die wir nicht nach dem Fleisch, sondern nach dem Geist leben.

Denn diejenigen, die vom Fleisch bestimmt sind, trachten nach dem, was dem Fleisch entspricht, die aber vom Geist bestimmt sind, nach dem, was dem Geist entspricht. Denn das Trachten des Fleisches führt zum Tod, das Trachten des Geistes aber zu Leben und Frieden. Denn das Trachten des Fleisches ist Feindschaft gegen Gott; es unterwirft sich nämlich nicht dem Gesetz Gottes und kann es auch nicht. Wer aber vom Fleisch bestimmt ist, kann Gott nicht gefallen. Ihr aber seid nicht vom Fleisch, sondern vom Geist bestimmt, da ja der Geist Gottes in euch wohnt.

Wer aber den Geist Christi nicht hat, der gehört nicht zu ihm. Wenn aber Christus in euch ist, dann ist zwar der Leib tot aufgrund der Sünde, der

Geist aber ist Leben aufgrund der Gerechtigkeit. Wenn aber der Geist dessen in euch wohnt, der Jesus von den Toten auferweckt hat, dann wird er, der Christus von den Toten auferweckt hat, auch eure sterblichen Leiber lebendig machen, durch seinen Geist, der in euch wohnt.

Wir sind also nicht dem Fleisch verpflichtet, Brüder und Schwestern, sodass wir nach dem Fleisch leben müssten. Denn wenn ihr nach dem Fleisch lebt, müsst ihr sterben; wenn ihr aber durch den Geist die sündigen Taten des Leibes tötet, werdet ihr leben. Denn die sich vom Geist Gottes leiten lassen, sind Kinder Gottes. Denn ihr habt nicht einen Geist der Knechtschaft empfangen, sodass ihr immer noch Furcht haben müsstet, sondern ihr habt den Geist der Sohnschaft empfangen, in dem wir rufen: Abba, Vater! Der Geist selber bezeugt unserem Geist, dass wir Kinder Gottes sind. Sind wir aber Kinder, dann auch Erben; Erben Gottes und Miterben Christi, wenn wir mit ihm leiden, um mit ihm auch verherrlicht zu werden.

Ich bin nämlich überzeugt, dass die Leiden der gegenwärtigen Zeit nichts bedeuten im Vergleich zu der Herrlichkeit, die an uns offenbar werden soll. Denn die Schöpfung wartet sehnsüchtig auf das Offenbarwerden der Söhne Gottes. Gewiss, die Schöpfung ist der Nichtigkeit unterworfen, nicht aus eigenem Willen, sondern durch den, der sie unterworfen hat, auf Hoffnung hin: Denn auch sie, die Schöpfung, soll von der Knechtschaft der Vergänglichkeit befreit werden zur Freiheit und Herrlichkeit der Kinder Gottes. Denn wir wissen, dass die gesamte Schöpfung bis zum heutigen Tag seufzt und in Geburtswehen liegt. Aber nicht nur das, sondern auch wir, obwohl wir als Erstlingsgabe den Geist haben, auch wir seufzen in unserem Herzen und warten darauf, dass wir mit der Erlösung unseres Leibes als Söhne offenbar werden.

FLEISCH UND GEIST

Das Dilemma, mit dem wir uns vielleicht am meisten herumschlagen müssen, ist dasjenige, das Paulus in so verhängnisvoller Überzeichnung mit *Fleisch und Geist* zum Ausdruck gebracht hat. Er hat den Gegensatz in solchem Maß zugespitzt, dass es für die meisten Menschen sehr schwer wurde, seine große Synthese, in der dieser Gegensatz überwunden wird, herauszufinden – und diese ist seltsamerweise die Fleischwerdung, Inkarnation selbst! Ich glaube, Paulus hat in der Fleischwerdung Gottes in Christus so viel Trost gefunden, dass er die schöpferische Spannung, die die Inkarnation aufzulösen versuchte, unabsichtlich übertrieb. Wir wurden mit einer sehr platonischen Aufspaltung zwischen Materie und Geist zurückgelassen und dies ist wahrscheinlich einer der wichtigsten Gründe dafür, warum viele Menschen die christliche »Erklärung« abgelehnt haben. Wenn ich ein Wort verändern könnte, das Paulus benutzte, dann betrifft dies seinen Gebrauch vom griechischen Wort *sarx*, das üblicherweise und korrekt mit »Fleisch« übersetzt wird. In diesem Zusammenhang möchte ich betonen: Da er das Wort *sarx* wählt, benutzt er nicht den Terminus *soma,* Leib oder Körper. Er versucht einen anderen Begriff einzuführen und das, was diesem Begriff in unserem heutigen Sprachgebrauch am nächsten kommt, ist das Wort »Ego« oder auch das freudianische »Es«. Es ist das in die Falle geratene

Selbst, das kleine Selbst, das partielle Selbst, es ist das gefangene Selbst. Doch es ist nicht das physische oder leibliche Selbst, das in den meisten westlichen Sprachen genau damit in Verbindung gebracht wird. Die Konsequenzen dieser Begriffsverwirrung waren katastrophal für eine Religion, in der die »Mensch-Werdung« Gottes im Mittelpunkt steht. Im Johannesevangelium wird dasselbe Wort in einem sehr positiven Sinne verwendet, um den Gegensatz zu erzeugen und zugleich zu überwinden. Hier heißt es: »Und das Wort ist Fleisch geworden« (Johannes 1,14). Das Wort hat sich also dem Fleisch überhaupt nicht widersetzt. Fleisch oder Fleischwerdung ist nicht böse und steht nicht im Gegensatz zu Geist als solchem, scheint er zu sagen. Das wäre Platonismus und keineswegs Christentum. Es ist ziemlich schwer, die Inkarnation Jesu zurückzuweisen, doch viele, die vom Christentum enttäuscht waren, haben faktisch Platons Dualismus zurückgewiesen. Für uns ergeben Geist und Fleisch zusammen das menschliche Selbst. Das Problem besteht also nicht zwischen Körper und Geist, es besteht zwischen Teil und Ganzem. Sowohl Jesus als auch Paulus laden uns dazu ein, ganz zu sein, während wir immer dachten, er würde uns sagen, wir sollten unserer Verleiblichung absterben, und dies würde uns irgendwie geistig machen. Paulus, ich vergebe dir, dass du das Wort »Fleisch« benutzt hast, doch die Vergebung fällt mir nicht leicht.

Faktisch hören die meisten von uns, wenn sie das Wort »Fleisch« hören, »Sex« oder irgendeine Art

Körperlichkeit bzw. ein verbotenes Vergnügen. Und ich möchte mit allem Nachdruck sagen, dass Paulus gerade *nicht* hiervon spricht! Er spricht nicht über Sex, er spricht vom isolierten Selbst, vom partiellen Selbst, vom in der Falle gefangenen Selbst, dem Es-Selbst, das klein und mickrig ist und in einem kleinen Hamsterrad der Sucht lebt. Paulus sagt stattdessen: »Ich möchte euch in die reiche Welt des Geistes einladen, die für immer fleischliche Gestalt angenommen hat.« Wer wollte darauf nicht sein Vertrauen setzen?

GNADE UND WERKE

Eine weitere paulinische Dialektik ist die zwischen Mühe (Werk) und Gewährenlassen (Gnade). Man bedenke, dass die Antwort des Paulus auf ein moralisches Dilemma selten lautet: »Versuch es noch verbissener.« Er bedient sich gewöhnlich nicht der Redeweise von der Willenskraft, es geht eher um ein »sich ergeben und in die große Teilhabe hineinfallen«. Um es kurz und prägnant zu sagen: Das Evangelium lehrt eher *willige Bereitschaft* als *Eigenwilligkeit*. Sein Ratschlag lautet üblicherweise nicht so sehr: »Dies ist es, was du tun musst«, sondern er fragt vielmehr: »Wer bist du?« Das ist der innerste Kern der Botschaft, die Paulus immer wieder gern von Neuem ausspricht. Er sagt uns, dass wir auf die Frage »Wer bist du«, eine aufrichtige und tiefe Antwort geben sollen. Das große Thema seiner Verkündigung ist, dass *der neue Tempel der Mensch, die Person, ist*! Und was das betrifft, weicht er nicht aus. Es könnte – so meint der Neutestamentler und ehemalige Bischof von Durham (England), Nicholas Thomas Wright[4] – sehr wohl sein höchster und wichtigster Gedanke sein. Was für eine überwältigende Antwort! Die Leute einfach daran zu erinnern, wer sie wirklich und in Wahrheit sind! Dir wohnt eine ewige Würde inne, du bist ein Kind Gottes, du bist in Christus »erwählt

4 Vgl. Nicholas Thomas Wright, Worum es Paulus wirklich ging, Gießen 2010.

vor der Grundlegung der Welt« (Epheser 1,4). Wenn du aus dieser Würde heraus leben kannst, sobald du einen inneren Respekt vor deiner eigenen Identität hast, dann ergibt es einfach keinen Sinn mehr, dir die Frau deines Nebenmanns zu nehmen oder deinen Nächsten anzulügen. Es hat nichts zu tun mit der Ermahnung: »Verhalte dich moralisch gut und dann wird Gott dich lieben«, sondern die Aussage lautet: »Du bist in deiner tiefsten und wahrhaftigsten Identität von Gott geliebt – die moralische Entsprechung dazu ergibt sich fast von selbst.« Dies ist es, was Mose und Jeremia das »in dein Herz geschriebene Gesetz« nennen. Damit haben wir nun die Grundlage für eine eher innere als äußerliche Autorität, für ein erwachsenes Gewissen anstelle von sozialem Druck von außen. Die christliche Moral ist die Konsequenz daraus, die Einheit mit Gottes Wirklichkeit zu leben und zu lieben. Die meisten Menschen hingegen meinen, dass die Einheit mit Gott erst dadurch hergestellt wird, dass man sich an Moralvorschriften hält. Jahrhundertelang haben wir sowohl Jesus als auch Paulus völlig falsch verstanden und den Karren vor das Pferd gespannt. Wir sagten den Leuten, sie sollten sich moralisch verhalten, und gingen dabei davon aus, dass man sich durch eben diese Moralität die eigene Identität in Gott *verdient*. Wer von uns ist denn nicht so erzogen worden? Egal, in welcher Konfession man aufgewachsen ist: Wenn man kein mystisches Verständnis vom Christentum entwickelt, wird man immer die überwältigende Befreiung des Wissens und Handelns aus unserem inneren Selbst heraus gegen einen billigen Moralismus und Verhaltenskodex eintauschen.

Die meisten von uns richten ihr ganzes Augenmerk auf moralische Fragen von geringerer Bedeutung, die meistens gemessen an allem, was Jesus sagte, Randerscheinungen sind, die uns aber das Gefühl eines moralischen Halts, der Gruppenzugehörigkeit oder der Überlegenheit vermittelten. Jetzt aber sagt uns Papst Franziskus Gott sei Dank: Wenn wir das Evangelium weiterhin in dieser Weise, nämlich als ein Bündel von Moralauffassungen, die miteinander nichts zu tun haben, präsentieren, dann bricht das ganze Gefüge des Evangeliums wie ein Kartenhaus in sich zusammen. Oder es ist bereits zusammengebrochen. Man muss die Gesamtheit des Evangeliums, das, was Jesus *Leben im Reich Gottes* nennt, erfassen, ansonsten funktioniert es letztlich nicht und ergibt nicht einmal Sinn.

Wer zu den Menschen nur über Verbotsnormen (zum Beispiel der Sexualmoral) spricht, erreicht damit, dass all diese Menschen versuchen, diesen Ansprüchen zu genügen, ohne die positive Kraft oder Überzeugung und das Wissen darum, wofür sie wirklich einstehen und was sie lieben. Ihre innere Einstellung ist negativ. Auf negative oder gegenläufige Energie kann man nicht aufbauen. Eine solche Art von Moralität wendet sich an Fanatiker im Hinblick auf moralische Einzelfragen und nicht an die Christen des »nahtlosen Gewands«. Das Christentum wird hier zu einer Religion der Willensstärke und bringt eher starre und aggressive Menschen hervor. Doch ein wirklich verwandeltes Bewusstsein, ein neues Denken und ein neues Herz, ist hier sehr oft nicht zu finden. Wenn wir den Leuten ständig nur sagen, wie *fleischlich* und unwürdig sie sind, dann bieten wir den Menschen nicht die spirituelle Identität und Würde an, die dazu befähigt, überhaupt anzufangen. Mit einem Wort: Wenn man sich auf seine innere Identität verlässt, dann ist dies der allersicherste Weg, mit dem natürlichen Strom der Gnade in Verbindung zu kommen und über jede »Werkgerechtigkeit«, jedes Christentum der Willensstärke und jeden obsessiven Moralismus hinauszugelangen. Dies ist die Lösung, die Paulus hinsichtlich des offensichtlichen Konflikts zwischen Anstrengung und Zulassen anbietet. Paradoxerweise ist es echte Arbeit, wenn man sich einer Sache beständig anheimgibt, die immer da ist – der göttlichen ungeschuldeten Gnade.

STÄRKE UND SCHWÄCHE

Eine weitere scheinbare Dichotomie, die Paulus herausstellt und dennoch autobiografisch zu überwinden scheint, ist im berühmten Satz zusammengefasst: »*Wenn ich schwach bin, bin ich stark*« (2 Korinther 12,10).

Wer von uns wäre nicht fasziniert von dieser Aussage? Wenn er Macht und Ohnmacht miteinander versöhnt, dann läuft er zu seiner Hochform auf. Ich nenne dies die echte Botschaft der Bibel, einige sagen dazu »Spiritualität der Unvollkommenheit«. Eingelöst wird diese Aussage ziemlich klar von meinen zwei Lieblingsheiligen, nämlich Franz von Assisi und Thérèse von Lisieux. Doch wir müssen zugeben, dass sie Ausnahmen im Vergleich zur Hauptströmung des Christentums sind, das in weiten Teilen die das Ego bestätigende Richtung einer Spiritualität der Vollkommenheit einschlug. Thérèse, die etwa vor hundert Jahren gelebt hat, sagt: »Der Weg, den Jesus mich lehrte, ist für die meisten Leute völlig neu.« Und sie hat recht damit. Sie nannte ihn ihren »kleinen Weg« und sie glaubte fest daran und lehrte dies auch, dass man nicht dadurch zu Gott gelangt, dass man stark ist, sondern dadurch, dass man um seine eigene Schwachheit weiß. Was für eine Überraschung! Doch es hätte eigentlich keine Überraschung sein sollen, denn Jesus und Paulus lehrten genau dasselbe. Doch das Christentum hatte mittlerweile im Großen und Ganzen nicht mehr dies gelehrt, sondern tatsächlich das Gegenteil! Wir wurden in einer Art »*aufsteigendem* Christentum« oder »Kletterchristentum« erzogen, wie ich zu sagen pflege. Alles drehte sich um Leistung, denn dies war die Einstellung des Römischen Reiches und der griechischen Kultur, die die westliche Mentalität formten. Jesu Frohe Botschaft vom Kreuz, die Lehre des Paulus, die besagt: »Wenn ich schwach bin, bin ich stark« (2 Korinther 12,10), ergaben weder für das Ego noch für den Aufbau des Reiches irgendeinen Sinn. Wir mögen sie gelesen haben, aber wir verstanden sie nicht oder konnten ihr nicht beipflichten. Wahrscheinlich beides. Sie passte einfach nicht in unser Weltbild. Doch ich bin entschieden der Meinung: Das ist jenes Dilemma, das Paulus am besten auflöst. Es bildete den Hintergrund seines gesamten Lebens und Jesus, der ermordete Messias, schenkte ihm das Vertrauen und verlieh ihm den Mut, das zu sehen, zu akzeptieren und als die Grundgestalt der Erlösung aller Geschichte zu verkünden.[5]

Ein weiteres Dilemma, das Paulus beschreibt und zugleich weitgehend überwindet und das sowohl für die Gemeinde in Rom als auch für die Galater von zentraler Bedeutung ist, ist die klassische Argumentation in Bezug auf *Gesetz und Freiheit*. Soweit es nach der Moraltheologie geht, die den meisten in meiner Kirche vermittelt wurde, hätte Paulus diese beiden Briefe ebenso nicht schreiben können. Sie stellen einen

5 Vgl. Richard Rohr, Reifes Leben. Eine spirituelle Reise, Freiburg im Breisgau 2015.

Gewaltritt durch die Gefahren und Täuschungen des Gesetzes dar. »Christus hat uns vom Fluch des Gesetzes freigekauft...« (Galater 3,13). Dennoch haben die meisten Kirchen das Gesetz sehr stark betont, obwohl Paulus gelehrt hat, dass es nicht »die Kraft hat, lebendig zu machen« (Galater 3,21 b).

An meinem ersten Tag im Seminar sagte mir der Lehrer: »Wenn du dich ans Gesetz hältst, wird das Gesetz dich halten.« »Jawohl, Pater, jawohl«, sagten wir und wir wussten alle, dass genau dies der Weg war, um zu überleben und innerhalb einer nach aufwärts durchlässigen Situation Karriere zu machen. Es taugte für eine nette Internatsschule, es taugte auch dafür, dass die Lehrer nachts schlafen konnten, doch es hatte nichts mehr mit dem Evangelium zu tun, sondern war bloß ein System dummer Belohnungen und nutzloser Strafen, ein Spiegelbild unserer abwegigen Lesart des Großen Evangeliums selbst. Dies sind in der Tat die Strukturen, die die Welt braucht, um ihren Zusammenhalt und Fortbestand zu sichern; das verstehe ich sehr wohl. Doch wann gelangen wir jemals zu unserer Ökonomie der Gnade, wenn wir uns fast völlig innerhalb der Ökonomie des Verdienstes bewegen? In meinem Seminar wurde das Kirchenrecht wirklich mehr zitiert als die Bergpredigt. Und die Priester erfuhren eine viel stärkere Ausbildung in Moraltheologie anstatt einer Einführung in den Römerbrief, den Galaterbrief und die Seligpreisungen. Gehorsam war eine viel wichtigere Tugend als Liebe. Die Freiheit, die

Paulus preist und anbietet, wurde üblicherweise als Gefahr betrachtet. Verwandlung in die göttliche Liebe hinein kann man nicht durch irgendein Leistungsprinzip erlangen, sondern durch etwas, was oftmals eine äußerste Demütigung für das Ego darstellt: den Tod deines falschen Selbst, damit du mit Paulus sagen kannst: »... nicht mehr ich lebe, sondern Christus lebt in mir« (Galater 2,20). Das ist zentral und von grundlegender Bedeutung. Paulus versöhnt das Gesetz und die Freiheit durch seinen ganz zentralen und klar entfalteten Begriff von Gnade, den heiklen Balanceakt, der vielleicht gut zum Ausdruck gebracht wird, wenn er sagt: »... müht euch mit Furcht und Zittern um euer Heil [Gesetz]! Denn Gott ist es, der in euch das Wollen und das Vollbringen bewirkt, noch über euren guten Willen hinaus [Gnade]« (Philipper 2,13).

Auch wenn es stillschweigend in biblischen Geschichten in den Büchern Exodus und Genesis seinen Anfang nimmt – und hierzu finden sich wunderbare Berührungspunkte in der gesamten Bibel –, so ist es mit Sicherheit Paulus, der das Wort »Gnade« aufgreift und es weithin erschallen lässt. Er ist der Theologe der Gnade. Und dennoch: Können wir behaupten, wir hätten das verstanden? Martin Luther hat es gewiss versucht und er verstand es, wenn auch in brillanter Weise, auf dem Papier (aus diesem Grund identifiziere ich mich gern mit Luther), doch Lutheraner selbst haben mir gesagt, dass ihre eigene spätere Tradition zu sehr subtilen, aber echten »Gesetzen« zurückgekehrt ist. Das ist bei einer Veränderung auf niedriger Stufe immer der Fall. Selbst wenn man es mit einen großen Reformer wie Martin Luther zu tun hat, ist es immer noch möglich, dass man das Entscheidende nicht wirklich erfasst. Man kann den Gehorsam gegenüber Sätzen aus der Heiligen Schrift und gegenüber Formeln wie etwa »eine persönliche Entscheidung treffen…« immer noch in eine neue Art von Gesetz oder »Werk« verwandeln, durch welches man sich selbst rechtfertigt. Bedingungslose, unverdiente, ungeschuldete Liebe ist der einzige Weg, der dies durchbricht – und das kann man nicht einfach nur vom Kopf her wissen. Sobald man es einmal erfährt, wird man den skandalösen Satz des Augustinus verstehen und ihn nicht missbrauchen: »Liebe und tu, was du willst.« Das hat er von Paulus gelernt.

RÖMER 5,12 – 21

Wie durch einen einzigen Menschen die Sünde in die Welt kam und durch die Sünde der Tod und auf diese Weise der Tod zu allen Menschen gelangte, weil alle sündigten – Sünde war nämlich schon vor dem Gesetz in der Welt, aber Sünde wird nicht angerechnet, wo es kein Gesetz gibt; dennoch herrschte der Tod von Adam bis Mose auch über die, welche nicht durch Übertreten eines Gebots gesündigt hatten wie Adam, der ein Urbild des Kommenden ist. Doch anders als mit der Übertretung verhält es sich mit der Gnade; sind durch die Übertretung des einen die vielen dem Tod anheimgefallen, so ist erst recht die Gnade Gottes und die Gabe, die durch die Gnadentat des einen Menschen Jesus Christus bewirkt worden ist, den vielen reichlich zuteilgeworden. Und anders als mit dem, was durch den einen Sünder verursacht wurde, verhält es sich mit dieser Gabe: Denn das Gericht führt wegen eines Einzigen zur Verurteilung, die Gnade führt aus vielen Übertretungen zur Gerechtsprechung. Denn ist durch die Übertretung des einen der Tod zur Herrschaft gekommen, durch diesen einen, so werden erst recht diejenigen, denen die Gnade und die Gabe der Gerechtigkeit reichlich zuteilwurde, im Leben herrschen durch den einen, Jesus Christus. Wie es also durch die Übertretung eines Einzigen für alle Menschen zur Verurteilung kam, so kommt es auch durch die gerechte Tat eines Einzigen für alle Menschen zur Gerechtsprechung, die Leben schenkt. Denn wie durch den Ungehorsam des einen Menschen die vielen zu Sündern gemacht worden sind, so werden auch durch den Gehorsam des einen die vielen zu Gerechten gemacht werden. Das Gesetz aber ist dazwischen hineingekommen, damit die Übertretung mächtiger werde; wo jedoch die Sünde mächtig wurde, da ist die Gnade übergroß geworden, damit, wie die Sünde durch den Tod herrschte, so auch die Gnade herrsche durch Gerechtigkeit zum ewigen Leben, durch Jesus Christus, unseren Herrn.

ADAM UND CHRISTUS

Ein weiteres Gegensatzpaar, das Paulus in mehreren seiner Briefe benutzt, ist *Adam und Christus.* Adam als der erste Mensch, die gewöhnliche Person, und Christus als der verklärte Mensch. Adam ist ein jeder von uns *vor* der Verwandlung oder das, was ich als das falsche Selbst bezeichnen würde. Christus ist dieselbe Person, die auf der Grundlage der ersten aufbaut, und damit ist Christus ein völlig *inklusiver* Begriff. Christus ist derjenige, der alles versöhnt und damit auch Adam mit einschließt. Es geht hier um unser grundlegendes Prinzip von »überschreiten und integrieren«. Für Paulus ist der Begriff Christus das äußerst transzendente Bild, das die Juden und die Griechen, die Frommen und die Gebildeten, Männlich und Weiblich, Sklaven und Freie integriert, die alle in dieser großen Synthese, die er Christus nennt, versöhnt sind. Das ist wahrscheinlich am besten in den Hymnen zu Beginn des Kolosser- und des Epheserbriefes zum Ausdruck gebracht, die – das gestehe ich zu – möglicherweise nicht von Paulus selbst, sondern von seinen Schülern verfasst wurden. Sie haben alles zusammengefasst und sind noch einen Schritt über Paulus hinausgegangen. Er schafft dafür ein solides Fundament, wenn er Materie und Geist an zwei *entscheidenden* Stellen miteinander versöhnt: im Kosmos selbst, was im achten Kapitel des Römerbriefes beschrieben wird, und beim eucharistischen Mahl, wovon im elften Kapitel des ersten Korintherbriefes die Rede ist. Er bereitet uns auf einen kosmischen Begriff von Christus vor, der viel umfassender und älter ist als Jesus von Nazaret. Paulus hat durch und durch inkarnatorisch gedacht, er sah die vollgültige, allumfassende Dimension der Inkarnation, die die gesamte Schöpfung, den Menschen und schließlich auch die einfachen Elemente von Brot und Wein durchdringt.

1 KORINTHER 11,17 – 34

Wenn ich schon Anweisungen gebe: Das kann ich nicht loben, dass ihr nicht zu eurem Nutzen, sondern zu eurem Schaden zusammenkommt. Zunächst höre ich, dass es Spaltungen unter euch gibt, wenn ihr als Gemeinde zusammenkommt; zum Teil glaube ich das auch. Denn es muss Parteiungen geben unter euch, damit die Bewährten unter euch offenkundig werden.

Wenn ihr euch versammelt, ist das kein Essen des Herrenmahls; denn jeder nimmt beim Essen sein eigenes Mahl vorweg und dann hungert der eine, während der andere betrunken ist. Könnt ihr denn nicht zu Hause essen und trinken? Oder verachtet ihr die Kirche Gottes? Wollt ihr jene demütigen, die nichts haben? Was soll ich dazu sagen? Soll ich euch etwa loben? In diesem Fall kann ich euch nicht loben.

Denn ich habe vom Herrn empfangen, was ich euch dann überliefert habe: Jesus, der Herr, nahm in der Nacht, in der er ausgeliefert wurde, Brot, sprach das Dankgebet, brach das Brot und sagte: Das ist mein Leib für euch. Tut dies zu meinem Gedächtnis! Ebenso nahm er nach dem Mahl den Kelch und sagte: Dieser Kelch ist der Neue Bund in meinem Blut. Tut dies, sooft ihr daraus trinkt, zu meinem Gedächtnis!

Denn sooft ihr von diesem Brot esst und aus dem Kelch trinkt, verkündet ihr den Tod des Herrn, bis er kommt. Wer also unwürdig von dem Brot isst und aus dem Kelch des Herrn trinkt, macht sich schuldig am Leib und am Blut des Herrn. Jeder soll sich selbst prüfen; erst dann soll er von dem Brot essen und aus dem Kelch trinken. Denn wer davon isst und trinkt, ohne den Leib zu unterscheiden, der zieht sich das Gericht zu, indem er isst und trinkt. Deswegen sind unter euch viele schwach und krank und nicht wenige sind schon entschlafen. Gingen wir mit uns selbst ins Gericht, dann würden wir nicht gerichtet. Doch wenn wir jetzt vom Herrn gerichtet werden, dann ist es eine Zurechtweisung, damit wir nicht zusammen mit der Welt verdammt werden. Wenn ihr also zum Mahl zusammenkommt, meine Brüder und Schwestern, wartet aufeinander! Wer Hunger hat, soll zu Hause essen; sonst wird euch die Zusammenkunft zum Gericht. Weitere Anordnungen werde ich treffen, wenn ich komme.

In diesem Licht sollte man festhalten, dass Paulus keineswegs vom sehr physischen Verständnis der Eucharistie als des fortgesetzten Christusereignisses in Raum und Zeit, wie es Jesus selbst hatte, abrückt (Johannes 6,32–58). Es ist das kühne Ritual, das vermittelt, wie Adam immer noch Adam ist, aber auch in Christus hineinverwandelt wird. Die Verwandlung muss »real« sein, sonst ist sie keineswegs die fortgesetzte Inkarnation. Die katholische Lehrauffassung war in diesem Punkt richtig. Man möge die »Brotrede« des Johannesevangeliums (6,53–58) in ihrer skandalösen konkreten Physikalität und auch die schockierte Reaktion der damaligen Hörer (6,59–66), die bestimmt unserer eigenen entspricht, noch einmal lesen. Wir werden immer schockiert auf die Kühnheit und die Erniedrigung der Inkarnation reagieren! In unserem dualistischen Denken wissen wir nicht, wie wir Adam und Christus miteinander in eins setzen können. Und dennoch glaubt Paulus fest daran, dass genau dies das Ritual schlechthin der christlichen Gemeinde ist, durch das wir davon überzeugt werden können, dass *wir das sind, was wir essen und trinken*. Noch Adam, aber auch Christus. Noch Brot, aber auch Jesus. Noch immer ich und dennoch wahrhaftig er. Dorothy Day sagte es in ihrer unverblümten Art: »Wenn das bloß eine Metapher sein soll, dann zum Teufel damit!«

Wie können diese gewöhnlichen Elemente Brot und Wein zugleich eine geistliche Realität sein? Sicher, bemüh dich um ein Verständnis, aber versuch nicht, dir das vorzustellen – *iss und trink* einfach! Man kann dies nicht mit dem Verstand erfassen, aber man weiß es auf einer grundlegenderen Ebene. Es ist ein Geheimnis der Verwandlung, es ist ein Geheimnis des Übergangs, das nur langsam in die Seele eindringt. Ich habe sehr oft gesagt: Wenn wir so etwas wie die Eucharistie nicht hätten, müssten wir sie erfinden. Und man kann es daran ablesen, dass die Kirchen, die an der Eucharistie festgehalten haben, weitaus mehr Mystiker hervorgebracht haben. Denn sie trägt einen über Worte hinaus. Sie trägt einen über Gedanken hinaus und sie verwickelt einen in den notwendigen Kampf mit der schockierend realen Vergöttlichung des Menschen, die das Evangelium verheißt (2 Petrus 1,4). Sie trägt einen über die Heilige Schrift und den Streit über die Schriften hinaus in die Stille und den Raum der Erfahrung. Eucharistie ist etwas, das man erfahren muss, sie *kann nicht* verstanden werden. Sie kann nur erwählt, gelebt, verzehrt werden.

Das achte Kapitel des Römerbriefs ist ganz bestimmt eine große Freude für uns, da wir das Christentum in einem evolutionären Sinne verstehen und da wir verstehen, dass die ganze Schöpfung tatsächlich »auf Zehenspitzen« angespannt wartet, bis die Kinder Gottes zu ihrer vollen Offenbarung gelangen. Wer Paulus hier liest, erkennt, dass nicht nur die Menschen erlöst werden, sondern die ganze Schöpfung, alle Arten von Lebewesen, wir alle zusammen. Man denke daran, dass Adam ursprünglich einfach »aus Erde« bedeutet

(Genesis 2,7) und erst später, im Zuge des Umgangs mit Eva, ein Eigenname wird (Genesis 4,25) und dass dieser Adam als Stammvater der gesamten Menschheit dargestellt wird (Genesis 5,1–3). Wiederum sind Adam und Christus, Erde und Himmel, Menschheit und Gottheit eins geworden und die *Gnade hat sich wiederum auf der Natur als ihrer Grundlage entfaltet*, ohne sie zu beseitigen oder irgendwie herabzumindern, sondern sie vielmehr vollendend.

Paulus glaubt, dass *Torheit und Weisheit* – ein Gegensatz, mit dem er ebenfalls gern spielt – ein ewiger Widerspruch sind, der sich aufgrund Jesu und seines Kreuzes auf vielen Ebenen entfaltet. Im ersten Korintherbrief (2,17–31) enthüllt er diese verkehrte Welt. Diejenigen, die meinen, weise zu sein, sind letztendlich dumm, und diejenigen, die glauben, sie seien niemand, sind am Ende doch jemand. Das hat weitreichende politische und gesellschaftliche Konsequenzen im Hinblick auf die Abschaffung aller Klassensysteme und auf Überlegenheit beruhender Systeme, die jemandem, der vom Evangelium geprägt ist, recht wenig bedeuten. Für Paulus sollte dies wiederum in der eucharistischen Gemeinschaft vorgebildet werden (1 Korinther 11,17–34), in der die Gläubigen ein völlig neues Verständnis von Gesellschaft erfahren konnten. Die Höhergestellten waren nicht mehr höhergestellt und die Niedrigen nicht mehr unten. Sie alle versammelten sich an einem gemeinsamen Tisch. Fast überall in der Mittelmeerregion wird das gesellschaftliche

System ziemlich vollständig dadurch veranschaulicht und definiert, wie man isst, was man isst, mit wem man isst, welchen Platz man bei Tisch einnimmt. Die neue Art von Mahlgemeinschaft war das Angebot eines Übergangsrituals, das die Gesellschaftsordnung vom Kopf auf die Füße stellen und zeigen sollte, dass soziale Klassen und Unterscheidungen zwischen den Menschen Torheit sind, und eben nicht Weisheit. Die göttliche Unordnung sollte zur neuen Ordnung werden.

An dieser Stelle muss ein wichtiger Abstecher gemacht werden. Wir können sagen, dass es gemäß 1 Korinther 11,17–18 für Paulus wenigstens zwei Arten von heiligem Mahl gibt, auch wenn es zwischen beiden auch Überschneidungen gibt. Das eine war das Mahl mit Brot und Wein, das bis heute, wenn auch in sehr ritualisierter Form, besteht. Doch es ist sehr deutlich, dass es noch eine andere Art Mahl gibt. Dies könnten wir vielleicht ein Gemeinschaftsmahl nennen, zu dem jeder mit mitgebrachten Speisen beiträgt, die dann miteinander geteilt werden. Dies findet besonders in den Erzählungen von der Brotvermehrung (Matthäus 14,13–21; 15,32–39; Markus 6,34–44; 8,1–10; Lukas 9,10–17; Johannes 6,5–13) in den Evangelien seinen Ausdruck und kann als »Brot-und-Fisch-Mahl« betrachtet werden. Es gibt ja im Neuen Testament mehr Geschichten, die von Brot und Fisch handeln, als solche, in denen es um Brot und Wein geht. Ist es nicht interessant festzustellen, dass das Brot-und-Fisch-

Mahl ausgestorben ist? Das gilt auch für das Ritual der Fußwaschung (Johannes 13,1–15) und die Salbung des Leibes (Matthäus 26,12; Markus 14,9), die als etwas vollzogen wurde, was man später Sakrament nennen sollte. Dennoch waren diese beiden Handlungen als Rituale der Gemeinde völlig in Vergessenheit geraten, bis die Liturgiereform des Zweiten Vatikanischen Konzils die Fußwaschung am Gründonnerstag wieder einführte. Ich vermute, sie wurden möglicherweise als allzu verrückt oder als allzu konkret körperlich empfunden. Sicherlich stellten sie nichts dar, womit sich die Patriarchen wohlgefühlt hätten. Seit das Evangelium vom Römischen Reich vereinnahmt worden war, seit wir im imperialen Sinne zu denken begannen, wurden die gefährlichen Rituale, die die Gesellschaftsordnung neu zu definieren versuchten und eine revolutionäre Wirkung auf die abendländische Zivilisation hätten haben können, immer weniger gebraucht, wurden immer weniger wichtig, und das Salben des Leibes, die Fußwaschung, das aus Brot und Fisch bestehende Mahl und das Gemeinschaftsmahl, das Paulus völlig vertraut war, wurden nicht mehr gepflegt.

Und alles, was blieb, war das in hohem Maße ritualisierte Mahl von Brot und Wein, dem der Presbyter vorstand. Ich bin nicht dagegen, doch die Revolution der Gesellschaftsordnung, die Paulus zu seiner Zeit erwartet hatte, ist weitgehend verloren gegangen und unser Christentum wurde zu einer konformistischen Religion, zu einer Religion für die Massen, die den gewöhnlichen Leuten in vielen Fällen nur wenig an persönlicher Veränderung abverlangte. Die Unterscheidung zwischen Klerus und Laien, die möglicherweise in dieser Geschichtsepoche unvermeidlich war, wurde durch die Erhöhung des Mahles von Brot und Wein, das unter der vollständigen Kontrolle und Aufsicht des Klerus vollzogen wurde, wiederhergestellt. Die verrückte Vision des Paulus, dass es keine Unterscheidung zwischen Juden und Griechen, Sklaven und Freien, Mann und Frau (Galater 3,28) geben sollte, wurde niemals zur neuen christlichen Weisheit. Diese »verkehrte« Sichtweise des Paulus und Jesu selbst war für fast alle Kulturen einfach zu viel, um sie zu übernehmen.

ALTER UND NEUER BUND

Auch das Spannungsverhältnis zwischen Altem Bund und Neuem Bund stellt eine Konstante für Paulus dar. Er spricht dieses Thema direkt im elften Kapitel des Römerbriefes, gegen Ende seines Lebens, an. Man möge sich einfach nur die Bibel als Buch in seiner äußeren Gestalt anschauen und man wird feststellen, in welchem Verhältnis der Umfang des Neuen Testaments (der Neue Bund) zur hebräischen Bibel steht. Zwei Drittel der ganzen Bibel umfasst das sogenannte »Alte Testament«! Das ist bereits eine buchstäbliche und sichtbare Botschaft der Inklusion. »Ich frage also: Hat Gott sein Volk verstoßen? Keineswegs!« So schreibt Paulus im Römerbrief (11,1). Es gibt also keinerlei Grundlage für einen Antisemitismus im Christentum. Wir sollten eine inklusive Religion sein, die das jüdische Volk und die jüdischen Schriften verehrt und integriert. Doch wir hatten einfach nicht das innere Rüstzeug, um zu wissen, wie man das tut, und deshalb, so fürchte ich, haben wir unsere jüdischen Vorfahren ausgeschlossen, und das oft auf sehr grausame Weise. Je mehr die herrschende Kultur allumfassend katholisch wurde, umso mehr wurden antisemitische (und antiislamische) Kräfte toleriert, ja sogar ermutigt. Ein solcher Sündenbockmechanismus und eine solche Spaltung dauern bis heute an, doch sie entbehren jeder Grundlage bei Paulus oder Jesus.

NICHTDUALISTISCHES DENKEN

Ich habe all diese Dilemmata in diesen kurzen Überblick mit hineingenommen, um die dialektische Herangehensweise aufzuzeigen. Ich weiß, ich habe dies in einer sehr oberflächlichen Weise getan, doch ich möchte Ihnen damit genügend Anregung geben, damit Sie selbst den Impuls verspüren, diese dialektischen Argumente für sich selbst zu durchdenken und zu sehen, in welch brillanter Weise Paulus diese und auch andere scheinbaren Gegensätze überwindet. In unserer Zeit, in der wir versuchen, Gewaltfreiheit zu lernen, bevor es zu spät ist, ist Paulus – davon bin ich wirklich überzeugt – für uns der Lehrmeister schlechthin für nichtdualistisches Denken. Jesus hat dies in seiner Person exemplarisch verwirklicht, Paulus veranschaulicht es durch seine Methode. Kann sein, dass viele Leute diese Untermauerung nicht brauchen. Aber falls Sie sie doch brauchen, dann gibt es keinen besseren Kompass als Paulus von Tarsus, aus dessen Briefen in den meisten unserer Kirchen immer noch jeden Sonntag vorgelesen wird. Weil die verlesenen Abschnitte für gewöhnlich sehr kurz und aus dem Kontext herausgelöst sind, bleibt keine Zeit und fehlt der umfassendere Zusammenhang, um die Dilemmata aufzulösen, die er oft herausstellt. Am Sonntagmorgen ist das Dilemma alles, was Ihnen für gewöhnlich bleibt, nicht dessen Lösung. Deshalb hoffe ich, dass dieser kurze Überblick für Sie eine Einladung darstellt, sich selbst weiter auf den Weg zu machen und das nichtdualistische Denken des Paulus tiefer zu entdecken und vor allem in Ihrer Lebenspraxis anzuwenden.

FRAGEN UND ANTWORTEN

Wir haben erfahren, dass nicht alle Paulusbriefe tatsächlich von Paulus verfasst, sondern von anderen geschrieben wurden. Wenn dem so ist: Was sind Ihrer Meinung nach die entscheidenden oder wertvollsten Briefe für diejenigen, die den Weg der Mystik oder Kontemplation gehen wollen?

Ein Brief, der bestimmt nicht von Paulus stammt, ist der Hebräerbrief. Wenn man ihn liest, dann bemerkt man, dass er in einer völlig anderen Sprache abgefasst ist, ein ganz anderes Vokabular benutzt und einen anderen Blickwinkel einnimmt. Der erste Timotheusbrief wird nicht Paulus selbst zugeschrieben und vermutlich ist auch der zweite Timotheusbrief nicht von ihm. Beide Briefe spiegeln eine spätere Entwicklung kirchlicher Ämter und ein späteres Stadium der Institutionalisierung wider.

Die Briefe, die meiner Meinung nach für die Mystik am stärksten empfänglich sind, sind die beiden Briefe an die Korinther sowie der Kolosser- und der Epheserbrief. Die letzten beiden Briefe wurden vermutlich von einigen seiner hellsichtigsten Schüler geschrieben. Sie weisen die Handschrift des Paulus auf, aber es gibt hier mit Sicherheit einen zweiten Redaktor. Die meisten der echten Paulusbriefe wurden zwischen 50 und 67 nach Christus geschrieben. Im Jahr 67 soll Paulus der Überlieferung zufolge in Rom hingerichtet worden sein. Das heißt, er hat die meisten dieser Briefe während seiner letzten Lebensjahre geschrieben. Im Fall des Kolosser- und des Epheserbriefes liegt uns bereits ein hoch entwickeltes und sogar kosmisches Verständnis von Christus vor und es bedarf eines mystischen Denkens, um dies angemessen würdigen zu können. Doch Paulus hat hierfür umfassende Grundlagen geschaffen. Vielleicht stammt ein erster Entwurf von ihm und jemand anderer führte ihn weiter. Doch ganz allgemein weisen seine Begriffe und Wendungen allesamt ein hoch entwickeltes, nichtduales oder mystisches Denken auf, wie etwa sein »en Christo« (»in Christus«), der Leib Christi (1 Korinther 12), der Mensch als neuer Tempel (passim), das Leben des Christen als Teilhabe an einem umfassenderen Kraftfeld wie in Philipper 3,7–11, seine sehr hoch entwickelten Gedanken zu Weisheit und Geheimnis wie etwa in 1 Korinther 1,17–2,16. Seine gesamte Vorstellung der tatsächlichen und stark inkarnatorisch verankerten Verwandlung des Menschen – etwa wenn er sagt: »Nicht mehr ich lebe, sondern Christus lebt in mir« (Galater 2,20) – ist nicht verständlich, wenn man sie lediglich in einem magischen, mythologischen oder poetischen Sinne auffasst. In seinem mystischen Denken ist ihm bewusst, dass die Verwandlung des Menschen in den »Geist Christi« selbst völlig real, revolutionär und wirkungsvoll ist. Echte Mystiker sind keineswegs Idealisten, aber sie sind davon überzeugt, dass sie eine absolute, reichhaltige und substanzielle *Wirklichkeit* beschreiben und erfahren. Wir sind es, die aus ihrer Sicht der Dinge in den Idealismus und ein Begriffsdenken abdriften. Der französische Mystiker und Schriftsteller Léon Bloy beschrieb sich selbst als »Pilger des Absoluten«. Diesen Ausdruck würde ich auch auf Paulus anwenden. Oder war Paulus vielleicht bereits »ein Nachbar des Absoluten«?

Paulus bediente sich einer dialektischen Lehrmethode, um die Gemeinde dazu anzuhalten, ein Thema zu durchdenken. An welchem Punkt der Geschichte ist uns das Verständnis seiner Pädagogik abhandengekommen, sodass wir ein dualistisches, moralisches Verständnis seiner Lehre daraus gemacht haben?

Das Problem tauchte in den ersten zwölfhundert Jahren gar nicht auf, denn der Großteil der Laien in der katholischen und orthodoxen Kirche konnte gar nicht lesen, schon gar nicht die Heilige Schrift, was eine gewisse Einübung ins mystische Denken erfordert. Alles, was sie wussten, war das, was der Priester ihnen von der Kanzel herab erzählte, und der wiederum hatte seine theologische Ausbildung in einer Art geschlossenem System erhalten, einem System, das von *Schlussfolgerungen* ausgeht, *ohne dass diesen irgendeine Forschung*

vorausginge. Ein Teil des Klerus bestand tatsächlich aus Mönchen und Mystikern, insbesondere in der Ostkirche, doch im Westen war dies sicher nicht die Regel. Für die große Mehrheit war das Priestertum eine Karriereleiter, eine bestimmte Rolle, ein Familienschicksal, eher eine Funktion als die Konsequenz aus einer wirklich verwandelnden Begegnung mit Gott. Ich meine also, dass wir davon ausgehen können, dass der durchschnittliche Christ nicht an die Ebene der Mystik herangeführt wurde – es sei denn, er hat in Deutschland gelebt und die Predigten eines Meister Eckhart oder einer Hildegard von Bingen gehört! Eine nichtduale, mystische Lesart der Schrift ging sicherlich nach 313 verloren. Seitdem das Christentum zur Religion des Römischen Reiches geworden war und alles vom Standpunkt der Macht, des Krieges, des Geldes und von der Fragestellung her beurteilt wurde, wie man Europa unter Einsatz von Gewalt als einen christlichen Kontinent behaupten könnte, gab es kaum mehr mystische Schriftlektüre, es sei denn in den Klöstern, und beileibe nicht in allen. Die durchschnittlichen Christen haben diese mystische Auslegung in ihren Kirchen in Florenz, Paris oder Köln wahrscheinlich nicht mitbekommen.

Die Sehnsucht nach mystischer Durchdringung des Glaubens war auch der Grund, warum die frühe Kirche sich in verschiedene »Lebensstände« (Mönche und »Weltchristen«) aufspaltete: Die Menschen erkannten, dass sie bei der »Reichskirche« keine wirklich tiefe Veränderung bewirkende Botschaft zu erwarten hatten, und deshalb gingen viele in die Wüsten Ägyptens, Palästinas und der heutigen westlichen Türkei. Dort liegt die Geburtsstätte des Mönchtums und damit einer zwei- oder dreigeteilten Christenheit. Luther entbrannte darüber mit Recht in heiligem Zorn. Doch der Grund für diese Entwicklung ist darin zu suchen, dass es immer Menschen gab, die bereit waren, die Ebene der Mystik anzustreben, und viele von ihnen wurden Einsiedler, Anachoreten, Beginen oder klausurierte Nonnen. Mir scheint, dies geschah genau aus dem Grund, weil die herkömmliche Auslegung so sehr auf Furcht setzte, dualistisch war und Bestrafung in den Vordergrund rückte. Ich sage das mit Bedauern. Und natürlich ist es genau deshalb wunderbar, heute zu leben, da nun Laien zur Mystik denselben Zugang haben wie zuvor nur die Mönche und Nonnen, ja, wenn sie wollen, ist dies für sie sogar noch leichter. Sie sind vielfach wissbegieriger im Hinblick auf das spirituelle Leben als Mönche und Nonnen, denn nun wird nicht alles zusammen mit dem Zölibat, der Jungfräulichkeit, der Askese um ihrer selbst willen und einem bewusst gewählten Gemeinschaftsleben in einen Topf geworfen. Das stimmt tatsächlich sehr hoffnungsvoll! Nun werden viele Menschen in ihrer Liebe, in ihrem Dienst und in ihrem Leid aufgrund ihrer Sehnsucht, diese Werte voll und ganz und in Treue zu leben, zur Mystik hingezogen. Das ist die wahre und echte christliche Askese.

Ist die Tiefe des mystischen Verstehens eine besondere Gabe des Paulus oder können auch wir heute dieses Stadium der Erleuchtung erlangen?

Mystik ist in Wirklichkeit die äußerste Demokratisierung Gottes. Echte Mystik ist niemals elitär. Wenn die Botschaft so aufgenommen wird, dass sie Veränderung und eine innere Erfahrung bewirkt, dann ist das der Beginn des mystischen Weges – was nicht heißt, dass dann Unterweisung, die Lektüre der Bibel und die gute Überlieferung derer, die uns vorausgegangen sind, nicht mehr notwendig wären. Eine Religion, die sich dagegen bloß am äußeren Verhalten orientiert, bleibt allzu oft bei Fragen stehen wie: Wie viele Kerzen sollen wir anzünden, welche Kleidung ist dem Anlass angemessen, besuchst du den Gottesdienst, glaubst du an die Dogmen in rechtgläubiger Weise? ... Was uns vermittelt wurde, ist ein weitgehend veräußerlichtes Christentum, das heißt Glaubenssysteme und Systeme der Zugehörigkeit zu einer Religionsgemeinschaft, und nicht so sehr ein Verständnis, das Veränderung bewirkt.

Paulus verbringt nach seiner »Bekehrung« eine lange Zeit der Einkehr in Arabien, nämlich drei Jahre, und dann kommt er zurück mit seiner Lehre vom Leib Christi und allem Übrigen. Für ihn war der Anfang die mystische Erfahrung Christi auf dem Weg nach Damaskus, in der Christus spricht: »Paulus, Paulus, warum verfolgst du *mich*?« (Apostelgeschichte 9,4). Haben

Sie das gehört? Er sagt »mich«! Es gibt für Paulus von da an eine radikale ontologische, im Sein begründete Einheit zwischen der menschlichen Person und Christus. Und deshalb kann Christus sagen: Warum verfolgst du *mich*? Ich bin du und du bist ich. Das verändert alles. Im Grunde ist es Mystik, wenn man das Ganze sieht und nicht die Teile. Doch der typische abendländische Christ sieht alles in seinen einzelnen Teilen und auch in höchst individualistischer Manier. Die Botschaft hat dann keinen Einfluss auf Gesellschaft und Geschichte. Wie kann *ich* gerettet werden, wie kann *ich* in den Himmel kommen, wie kann *ich* die Sünde meiden? Wenn man Paulus in dieser individualistischen Weise liest, dann liest man Paulus eben nicht. Das ist nicht sein Thema. Er spricht über einen kosmischen Umschwung der Geschichte, die innerhalb des Geheimnisses Christi für immer verwandelt wurde. Dieses Geheimnis Christi offenbart das Zuvor, die Gegenwart und das Danach der Geschichte. Aber wem von uns wurde beigebracht, dies so zu verstehen? Kaum jemandem. Deshalb leben wir in einer recht günstigen Zeit. Wir können heute den kosmischen Christus, den mystischen Christus verstehen und erkennen, dass Jesus dies in seiner Person war. Jesus ist das Hologramm des Ganzen, das Fraktal des ganzen Mysteriums, das alles in sich zusammenfasst. Wir müssen uns wirklich den Kopf abnehmen, ihn schütteln und wieder aufsetzen. Denn kaum jemand von uns wurde darin angeleitet, so zu denken. Aber ich verspreche Ihnen, Sie werden sehen, dass ich kein Häretiker bin, wenn Sie es versuchen. Und nun gehen Sie und lesen Sie die Korintherbriefe, einen von beiden, und dann werden Sie sehen: »Mensch, jetzt kapier ich's! Er spricht auf einer ganz anderen Ebene und ich bin nun darauf vorbereitet, mich darauf einzulassen.« Paulus war seiner Zeit einfach voraus und empfing eine Botschaft, für deren Verständnis wir nun viel besser vorbereitet sind – und die wir zugleich viel dringender brauchen.

Ist die Torheit des Kreuzes, die Paulus lehrte, vergleichbar mit seiner Verkündigung der »Kenosis«, der Selbstentäußerung?

Es ist weitgehend dasselbe. *Kenosis* ist der Ausdruck, den Paulus im Hymnus am Beginn des Philipperbriefes benutzt und wo er sagt, dass Gott sich selbst entäußert hat (Philipper 2,7). Und die Selbstentäußerung des Vaters in den Sohn, des Sohnes in den Heiligen Geist, des Geistes in den Vater, dieses Ausströmen ohne Ende wird zum Dogma der Dreieinigkeit, in der wir das Wesen Gottes selbst erblicken. Gott ist Ereignis von Gemeinschaft, Dynamik des Sichverströmens, dieser Gott kann nur lieben und der Fluss kann nicht die Richtung ändern. Deshalb ist jede Vorstellung von einem kleinlichen, verärgerten, »wutentbrannten« Gott unmöglich, sobald man einmal verstanden hat, dass Gott Dreieinigkeit ist. Ein dreieiniger Gott kann sich nur in eine Richtung verströmen – und dies in ständiger Selbstentäußerung und im Wissen darum, dass die Leere wieder gefüllt wird. Gott ist ein Wasserrad der Liebe, oder, wie der heilige Bonaventura sagt, eine »Quelle der Fülle«.

Die Torheit des Kreuzes, von der Paulus spricht, ist die Botschaft von diesem Geheimnis des Abstiegs (oder des Seinlassens) zur Menschheit und ist ganz das Gegenteil von der üblichen religiösen Botschaft, die eine Botschaft des Emporsteigens, der Eroberung und der Leistung ist. Sie stellt die zentralen Mechanismen der Religion grundlegend vom Kopf auf die Füße. Und das Christentum hat diese Mechanismen zum größten Teil niemals in ihr Gegenteil verkehrt, indem es beim Modell »Aufstieg« blieb. Es verstand nichts von *Kenosis* oder Selbstentäußerung. Im Evangelium geht es eher darum, dass wir unsere suchartigen Verhaltensmuster *verlernen,* doch wir haben daraus zum Großteil wieder ein Lernen von Dingen gemacht – Akkumulation, Anhäufung, anstelle von Loslassen. Das Ego hasst eine Sache mehr als alle anderen: Veränderung! Es mag keine irgendwie geartete Selbstentäußerung. Es mag das Leistungsprinzip, es denkt gern: »Ich stehe moralisch höher, ich weiß die Wahrheit und sie ist mein persönlicher Besitz.« Das ist der Fahrplan für das kleine Selbst. Doch es geht darum, sich selbst zu entäußern, von sich selbst leer zu werden, darum, in dieses Geheimnis der Barmherzigkeit, der unendlichen Liebe, hineinzufallen, das nur Leute anspricht, die geliebt und gelitten haben und die daraus verwandelt hervorgegangen sind.

Deshalb ist vielleicht das größte Dilemma das von *Tod und Auferstehung* selbst. Es ist das grundlegende Dilemma. Wie können wir den Tod aufhalten oder begreifen? Wie können wir an eine Verwandlung glauben, die wir Auferstehung nennen? Wie können wir beiden vertrauen und beide zulassen, und das oft zur gleichen Zeit? Solange wir die Erfahrung der Verwandlung, die Erfahrung, verloren zu sein und wiedergefunden oder zum ersten Mal überhaupt gefunden zu werden, nicht durchgemacht haben, können wir das Evangelium in seinen Grundlagen nicht verstehen.

Tod und Verwandlung bilden den Gegensatz schlechthin, der für Paulus durch Christus überwunden wurde. Christus ist der Gekreuzigte und Auferstandene zugleich. Und beides bildet keinen Gegensatz mehr. Das ist die Grundbotschaft, die ich in meinem Buch *Reifes Leben* (vgl. oben. Anm. 3) zu vermitteln versuchte. Das Fallen, zu dem Jesus und Paulus uns auffordern, ist kein Hinunterfallen, sondern ein Fallen nach oben![6] Doch das ist immer schwer zu glauben – jedes Mal von Neuem.

6 »Nach oben fallen«, *Falling Upward,* ist der englische Titel der Originalausgabe meines Buches *Reifes Leben* (vgl. oben Anm. 3).

PHILIPPER 2,5 – 11

Seid untereinander so gesinnt, wie es dem
Leben in Christus Jesus entspricht:

Er war Gott gleich, hielt aber nicht
daran fest, Gott gleich zu sein,

sondern er entäußerte sich und wurde
wie ein Sklave und den Menschen gleich.
Sein Leben war das eines Menschen;

er erniedrigte sich und war gehorsam bis
zum Tod, bis zum Tod am Kreuz.

Darum hat ihn Gott über alle erhöht und ihm den
Namen verliehen, der größer ist als alle Namen,

damit alle im Himmel, auf der Erde und unter
der Erde ihr Knie beugen vor dem Namen Jesu

und jeder Mund bekennt: Jesus Christus ist
der Herr zur Ehre Gottes, des Vaters.

Was ist der letzte Sinn für die Schöpfung innerhalb der Sicht des Paulus vom Kosmos, wenn man die Schwäche und die Tragik des Menschen in Rechnung stellt? Was ist der letzte Sinn der Schöpfung?

Bonaventura hat es sehr schön zum Ausdruck gebracht. Er sagt, seine ganze Theologie, die sehr an Paulus orientiert ist, lasse sich in Folgendem zusammenfassen:

- *Emanation,* Hervorgang, aus der die Schöpfung entsteht;
- *Exemplarität,* das heißt, alles ist Spiegelbild eines Aspektes des Geheimnisses Gottes;
- *Vollendung,* das heißt, alles kehrt zu Gott zurück.

Das Ziel ist also, dahin zurückzukehren, wovon du deinen Ausgang genommen hast, und »es zum ersten Mal zu wissen«, wie T. S. Eliot sagt. Wir langen da an, wo wir gestartet sind, und die ganze Schöpfung – so drückt es Römer 8,18 auf poetische Weise aus – lernt dies *bewusst und frei, das heißt in Liebe zu tun*. (Eine wichtige Nebenbemerkung: Paulus benutzt nie die Worte »Hölle« oder »ewige Strafe«, und so häufig er auch das Wort »Evangelium« benutzt: Strafe ist niemals ein Teil dieser Botschaft.) Die Aufgabe des Menschen, der den höchsten Bewusstseinsstand unter allen Geschöpfen hat, ist es, diese Schöpfung zu ihrer Fülle und ihrem Bewusstsein gelangen zu lassen, damit sie fähig ist, Gottes Liebe zu erwidern,

»damit Gott alles in allem« (1 Korinther 15,28) sein kann.

Oder noch dramatischer ausgedrückt: »Ihr habt den neuen Menschen angezogen, der nach dem Bild seines Schöpfers erneuert wird, um ihn zu erkennen. Da gibt es dann nicht mehr Griechen und Juden …, sondern Christus ist alles und in allen« (Kolosser 3,10–11). Weniger mystisch Veranlagte würden dies Pantheismus nennen. Für Paulus war es das letzte Ziel, das Streben und der Sieg des Geheimnisses der Inkarnation. In gewisser Weise hat Paulus also ein fast zyklisches Geschichtsverständnis. Die Geschichte wird dort enden, wo sie begann, und wir befinden uns unterwegs. Die Geschichte wird in der Auferstehung ihre Vollendung finden. Wenn man der Meinung ist, dass ich hier übertreibe, dann möge man nur Textabschnitte wie etwa Philipper 3,20–21 aufschlagen und für sich lesen. Wir können bloß das nicht sehen, worauf uns nie jemand aufmerksam gemacht hat.

Was die Menschheit zerstört und ans Kreuz schlägt, das verspricht Gott, auferstehen zu lassen und zu verwandeln. Und deshalb benutzt Paulus das Bild der schlimmstmöglichen Sache überhaupt, nämlich das Töten Gottes. Und er sagt: Wenn Gott das Töten Gottes selbst ins Gegenteil verwandeln kann, dann gibt es nichts, was er nicht ins Gegenteil verwandeln könnte! Es gibt nichts, was Gott nicht verwandeln kann. Das ist der Sieg des Kreuzes für Paulus: Gott kennt keine halben Siege. Wenn Gott den Sieg davonträgt, dann ist es eine Win-win-Situation für alle Betroffenen (vgl. Römer 8,28–39). Wir haben diesen kosmischen Sieg verharmlost und herabgemindert zu einem Tauschhandel, eingepasst in eine »Theorie der Sühne und Genugtuung«, umgedeutet zu etwas, das mit unseren Kategorien einer Verteilungsgerechtigkeit und im Rahmen unserer armseligen Logik erklärt werden kann, anstatt dass wir uns in das Geheimnis einer unbedingten Barmherzigkeit und einer bedingungslosen Liebe fallen ließen, durch die wir alle aus Gnade, aus Erbarmen und trotz unserer selbst gerettet werden. Wir konnten den biblischen Begriff von JHWHs wiedergutmachender Gerechtigkeit nicht verstehen, trotz Ijob und trotz der Lehren der Propheten: Du musst dich davon lösen, dass du zählen, abwägen, messen musst, du musst dich lösen von jedweder Notwendigkeit, entweder zu belohnen oder anzuklagen, damit du die Unendliche Liebe begreifen kannst, die sich niemals davon beeindrucken und bestimmten lässt, ob der Gegenstand ihrer Liebe nun ihrer würdig ist oder nicht. Alles Zählen, Abwägen und Messen ist für Paulus hinfällig angesichts der allen geltenden, universalen Gnade Christi. Dieser bis zum Äußersten offene Horizont und dieses weite Feld wird für das gewöhnliche Denken stets eine Überforderung bedeuten. Für Paulus war die schrittweise Entfaltung dessen der Sinn der Schöpfung.

RÖMER 8,31 – 39

Was sollen wir nun dazu sagen? Ist Gott für uns, wer ist dann gegen uns? Er hat seinen eigenen Sohn nicht verschont, sondern ihn für uns alle hingegeben – wie sollte er uns mit ihm nicht alles schenken? Wer kann die Auserwählten Gottes anklagen? Gott ist es, der gerecht macht. Wer kann sie verurteilen? Christus Jesus, der gestorben ist, mehr noch: Der auferweckt worden ist, er sitzt zur Rechten Gottes und tritt für uns ein. Was kann uns scheiden von der Liebe Christi? Bedrängnis oder Not oder Verfolgung, Hunger oder Kälte, Gefahr oder Schwert? Wie geschrieben steht: *Um deinetwillen sind wir den ganzen Tag dem Tod ausgesetzt; wir werden behandelt wie Schafe, die man zum Schlachten bestimmt hat.* Doch in alldem tragen wir einen glänzenden Sieg davon durch den, der uns geliebt hat. Denn ich bin gewiss: Weder Tod noch Leben, weder Engel noch Mächte, weder Gegenwärtiges noch Zukünftiges noch Gewalten, weder Höhe oder Tiefe noch irgendeine andere Kreatur können uns scheiden von der Liebe Gottes, die in Christus Jesus ist, unserem Herrn.

Wie offenbart der kosmische Christus das Vorher, die Gegenwart und das Nachher der Geschichte?

Am Ende der Bibel, der Offenbarung des Johannes, wird Christus dreimal das Alpha und das Omega genannt (Offenbarung 1,8; 21,6; 22,13). Mein franziskanischer Mitbruder Johannes Duns Scotus hat das Alpha betont, hat hervorgehoben, dass das Christusgeheimnis das Urbild, der ursprüngliche Plan, »der erste Gedanke Gottes« ist. Der Jesuit Pierre Teilhard de Chardin wiederum hat das Omega betont, hat herausgestellt, dass alles zu dem zurückstrebt, in dem es begonnen hat, zum Schoß der göttlichen Liebe. Der »Punkt Omega« war für ihn der Konvergenzpunkt der Sinnlinien der Evolution in der Liebe, personifiziert in Christus auf den Wolken des Himmels.

Doch unsere Hauptsorge galt nicht dem Kosmos, der Geschichte oder der Gesellschaft. Wir kümmerten uns stattdessen um einen Evakuierungsplan in eine andere Welt. Die kosmische Bedeutung Jesu ging verloren und er wurde zum bloßen Problemlöser unserer Sündhaftigkeit, wir brauchten ihn zum Aufwischen hinterher, anstatt in ihm den glorreichen Plan von Anfang an zu sehen. Duns Scotus glaubte, dass Gott souverän und frei *handelt* und nie einfach *nur reagiert!* Der Begriff des kosmischen Christus erschließt eine weite Szenerie, innerhalb derer man in Hoffnung, mit einem Ziel und in Würde leben kann. Man weiß, dass alles eine Bedeutung hat und dass wir selbst ein Teil davon sind! Genau das wissen säkularisierte Menschen der Postmoderne nicht mehr; sie wissen nicht, woher sie kommen, sie wissen nicht, wohin sie gehen, und deshalb wissen sie nicht, welchen Sinn das Leben hat oder ob es auf sie überhaupt ankommt. Ich meine, dass ein echter Christ gleichsam wie durch Osmose aufnimmt, dass das Leben sich zu leben lohnt, dass all das irgendwo hin mündet und dass es in den Händen eines guten Gottes ist. Das entscheidende »Muster« ist das von Tod und Auferstehung, das wir am Höhepunkt der Messfeier das *Geheimnis des Glaubens* nennen. Wir lernen nach und nach, diesem Muster zu vertrauen, weil Jesus dies tat und es sich für ihn, den »Urheber und Vollender des Glaubens« (Hebräer 12,2), bewahrheitete. Jesus wurde sogar bis an jenen Punkt geführt, an dem er betete: »Mein Gott, mein Gott, warum hast du mich verlassen?« (Matthäus 27,46; Markus 15,34; vgl. Psalm 22,2). Und dennoch war er noch dazu imstande zu sagen: »In deine Hände empfehle ich meinen Geist« (Lukas 23,46). Er wurde der Archetyp des Menschen, der für uns inmitten der Geschichte wie in einem Spiegel reflektiert, wohin die Geschichte letztlich einmündet. Christus das Alpha verleiht der Bahn und der Entwicklung der Geschichte den Anfangsimpuls, Christus das Omega gibt uns einen Sinn, ein Ziel und weist uns die Richtung hin zur Entfaltung der Liebe. (Wie traurig, dass den meisten von uns Christus als das Beta vermittelt wurde, als ein Plan B, als ein problemlösender Gott.)

Ihre Ausführungen zu Paulus haben viel und nachhaltig dazu beigetragen, dass ich ihn als Mystiker sehe und dass ich seine kosmische Auffassung von Christus verstehe. Doch als Frau habe ich mich, wie so viele andere Frauen auch, taub gestellt gegenüber allen seinen Worten, die wir in der Liturgie hörten. Und diese Einstellung gibt es unter Frauen immer noch, die am liebsten die Kirche verlassen würden, wenn sie hören, dass wir unseren Ehemännern gegenüber unterwürfig sein sollen. Jahrhundertelang haben Frauen genau deswegen Missbrauch erlitten. Was kann man tun, um Paulus im Denken der Frauen zu rehabilitieren?

Das ist wirklich ein wichtiges Thema, insbesondere im Hinblick auf jenen Abschnitt aus dem hier bereits zitierten Epheserbrief (5,21–33), wo es heißt: »Ihr Frauen, ordnet euch euren Männern unter« (je nach Übersetzung klingt das mehr oder weniger scharf). Doch ich will zunächst betonen, dass die meisten Fachleute den Epheserbrief für pseudopaulinisch halten. Deshalb kann man ihm nicht offiziell die Schuld dafür geben und ebenso wenig für ähnliche Sätze in Kolosser 3,18 und 1 Timotheus 2,9–15. In der ersten Generation nach Paulus gab es entschieden frauenfeindliche Kräfte, die versuchten, die Frauen wieder zurück an ihren Platz zu verweisen. Sie fühlten sich möglicherweise schrecklich bedroht von der durch Paulus und das Evangelium neu entdeckten Freiheit – so, wie es heute auch der Fall ist.

Doch man sollte den gesamten Abschnitt lesen und gerade auf den einleitenden Satz achten: »Einer ordne sich dem anderen unter in der gemeinsamen Ehrfurcht vor Christus.« Später sagt er in drei verschiedenen Formulierungsvarianten: »Ihr Ehemänner, gebt euer Leben hin für eure Frauen.« Er ist sehr darum bemüht, in einer patriarchalen Welt das Spielfeld zu ebnen und einen Ausgleich herzustellen. Und ich glaube, Paulus muss mit seiner ersten Proklamation von Freiheit und Gleichheit einigen Erfolg verbucht haben. Doch das dualistische Denken ergreift gern Partei, nimmt gern Anstoß, ja wird selbst zum Anstoß. Bleiben wir bei Paulus, seien wir fair und lassen wir uns nicht leichtfertig dazu hinreißen, ihn »hassen zu wollen«, wie es in den letzten Jahrzehnten so viele getan haben! Das Zwölf-Schritte-Programm nennt diese Art von Denken: »verurteilen, ohne vorher nachzuforschen«. Dass Paulus von seiner patriarchalen Kultur beeinflusst ist, ist meiner Meinung nach sicherlich richtig und er scheint dies in 1 Korinther 11,2–16 mit all dem dummen Gerede über Haupthaar und Schleier auch deutlich zu zeigen. Aber dann zieht er sich selbst mit der Schlussbemerkung aus der Schlinge, indem er einfach zugibt, dass dies nur »Brauch« sei! Im Allgemeinen und in grundlegender Weise sagte er das, was er dachte, im Abschnitt des echten und frühen Paulusbriefes an die Galater (3,28): »In Christus gibt es keinen Unterschied

zwischen Mann und Frau.« Wenn er im ersten Korintherbrief sagte, dass die Frauen in der Versammlung schweigen sollen (14,34–35), dann hat er dem bereits zuvor im elften Kapitel desselben Briefes (11,5b) klar widersprochen, wo er stillschweigend davon ausgeht, dass die Frauen sehr wohl in der Versammlung »beten und prophetisch reden«! Viele Fachleute sind heute der Auffassung, dass 1 Korinther 14,34–35 ein nicht von Paulus stammender späterer Einschub von solchen ist, die Frauen fürchteten oder gar hassten. Er fehlt in den ältesten Handschriften, die wir kennen. Deshalb habe ich das einfach ausgeblendet (Verzeihung, liebe Evangelische, das ist katholische Freiheit).

Wer an Bibelstellen wie 1 Korinther 14,34–35 hängen bleibt: Lassen Sie sich davon nicht ablenken oder ins Stolpern bringen, machen Sie von ihrem gesunden Menschenverstand als Christin, als Christ Gebrauch! Es gibt viele Abstufungen dessen, was in der Bibel insgesamt wichtig und was weniger wichtig ist, ja es gibt sogar eine Hierarchie der Wahrheit. Und wer sich bei der Bibellektüre vom Geist führen lässt, kann die Unterschiede leicht erkennen. Ich glaube, manchmal ist es auch unser Ego, das sich einfach aufregen *will* und sich dann von unnützen negativen oder gegenläufigen Energien vom Weg abbringen lässt. Das Ego definiert sich selbst durch Konzentration auf sich selbst und Ausgrenzung von allem, was es nicht mag, die Seele dagegen wächst durch Ausdehnung und dadurch, dass sie immer mehr in sich integriert.

Wir gestehen jedem das Recht zu, einen schlechten Tag zu haben, wir müssen auch Paulus das Recht zugestehen, nicht immer ein hundertprozentiger Mystiker zu sein. Ein nichtduales Bewusstsein gestattet uns genau das. »Denn Stückwerk ist unser Erkennen«, sagt Paulus ja selbst (1 Korinther 13,9). Nach der Bekehrung kann man nicht »auf seinem eigenen Weg bestehen« (vgl. 1 Korinther 12,31b), wie Paulus meint. Gerade das berühmte »Hohelied der Liebe« des Paulus, das meistens bei Hochzeiten verlesen wird, sollte ausreichen, um die Notwendigkeit, ihn verwerfen zu müssen, zu überwinden. Dieser Hymnus ist das Zeugnis eines nichtdualen Bewusstseins auf hohem Niveau. Die meisten von uns sind gut und gern bereit, über einige fragwürdige Lehren des Paulus hinwegzusehen, gerade weil seine *gute* Lehre wirklich *gut* ist!

Ich glaube, ein nichtdual denkender Schüler ist in der Lage, Paulus auf nichtduale Weise zu lesen und ihm jene Passagen nachzusehen, von denen niemand von uns behauptet, zu verstehen, was er wirklich sagen möchte. Es gibt Sätze von ihm, die ich selbst eindeutig nicht verstehe, aber er hat mich viel öfter, als ich gehofft oder verdient habe, in höchste Höhen emporkatapultiert. Ich danke Gott für eine solche Gunst. Und ich danke Ihnen dafür, dass Sie ihm vertrauen, und für Ihre Freundlichkeit, mir zu vertrauen. Entschuldigen Sie und vergeben Sie mir auch meine Irrtümer! Wir müssen es alle einander leichter machen, im paulinischen Ozean von Liebe und Erbarmen zu bleiben.

1 KORINTHER 13,1 – 13

Wenn ich in den Sprachen der Menschen und Engel redete, hätte aber die Liebe nicht, wäre ich dröhnendes Erz oder eine lärmende Pauke. Und wenn ich prophetisch reden könnte und alle Geheimnisse wüsste und alle Erkenntnis hätte; wenn ich alle Glaubenskraft besäße und Berge damit versetzen könnte, hätte aber die Liebe nicht, wäre ich nichts. Und wenn ich meine ganze Habe verschenkte und wenn ich meinen Leib opferte, um mich zu rühmen, hätte aber die Liebe nicht, nützte es mir nichts.

Die Liebe ist langmütig, die Liebe ist gütig. Sie ereifert sich nicht, sie prahlt nicht, sie bläht sich nicht auf. Sie handelt nicht ungehörig, sucht nicht ihren Vorteil, lässt sich nicht zum Zorn reizen, trägt das Böse nicht nach. Sie freut sich nicht über das Unrecht, sondern freut sich an der Wahrheit. Sie erträgt alles, glaubt alles, hofft alles, hält allem stand.

Die Liebe hört niemals auf. Prophetisches Reden hat ein Ende, Zungenrede verstummt, Erkenntnis vergeht.

Denn Stückwerk ist unser Erkennen, Stückwerk unser prophetisches Reden; wenn aber das Vollendete kommt, vergeht alles Stückwerk.

Als ich ein Kind war, redete ich wie ein Kind, dachte wie ein Kind und urteilte wie ein Kind. Als ich ein Mann wurde, legte ich ab, was Kind an mir war.

Jetzt schauen wir in einen Spiegel und sehen nur rätselhafte Umrisse, dann aber schauen wir von Angesicht zu Angesicht. Jetzt ist mein Erkennen Stückwerk, dann aber werde ich durch und durch erkennen, so wie ich auch durch und durch erkannt worden bin.

Für jetzt bleiben Glaube, Hoffnung, Liebe, diese drei; doch am größten unter ihnen ist die Liebe.

BIBELSTELLENREGISTER

BESONDERS ERWÄHNTE PERSONEN

Augustinus (354–430), Philosoph und Theologe, Bischof von Hippo Regius, für die lateinische Westkirche wohl einflussreichster Theologe der Frühzeit.

Bonaventura (1221–1274), Philosoph und Theologe, Anhänger der Bewegung des Franz von Assisi, der er spätestens mit 21 Jahren beitrat. Er wurde Generalminister des Franziskanerordens, den er 17 Jahre lang leitete. Papst Leo XIII. bezeichnete ihn als »Fürst unter den Mystikern«.

Johannes Duns Scotus (1266–1308) war ein franziskanischer Theologe und Philosoph aus Schottland; er wurde in der katholischen Kirche 1991 seliggesprochen.

Carl Gustav Jung (1875–1961), Schweizer Psychiater und Begründer der analytischen Psychologie. Mit seinem Werk beeinflusste er nicht nur die Psychologie, sondern auch Religionswissenschaften und Literatur- und Kunstwissenschaften.

Krister Stendahl (1921–2008), schwedischer lutherischer Theologe, war Professor für Neues Testament an der Harvard Divinity School und von 1984 bis 1988 Bischof im Bistum Stockholm. Er ist einer der Mitbegründer der »neuen Perspektive« auf Paulus, die den Apostel neu aus den jüdischen Kontexten seiner Zeit verstehen will.

Pierre Teilhard de Chardin (1881–1955), Jesuitenpater, Theologe und Naturwissenschaftler, beteiligt an der Entdeckung des sogenannten »Peking-Menschen«. Anliegen seiner spirituellen Evolutionstheorie war eine Synthese von Glaube und Wissenschaft.

William (»Bill«) Griffith Wilson (1895–1971), zusammen mit Robert Holbrook Smith (»Dr. Bob«) (1879–1950) Gründer der Bewegung der Anonymen Alkoholiker.

Nicholas Thomas Wright (geb. 1948), emeritierter Bischof der anglikanischen Diözese Durham (England), ist Professor für Neues Testament an der schottischen University of St Andrews.

VERZEICHNIS DER ABBILDUNGEN

ZUM AUTOR

Richard Rohr (* 20. März 1943 in Topeka, Kansas) ist ein US-amerikanischer Franziskanerpater, Prediger und Autor spiritueller Bücher, die in viele Sprachen übersetzt und eine weltweite Verbreitung gefunden haben. Seine bekanntesten Publikationen sind Der wilde Mann, der 1986 ins Deutsche übersetzt wurde, und Das Enneagramm, das er 1989 mit dem deutschen lutherischen Pfarrer Andreas Ebert geschrieben hat und in Deutsch bis 2014 über 450.000-mal verkauft worden war.

Rohr war in den 1970er-Jahren als junger US-amerikanischer Franziskanerpater eine der führenden Persönlichkeiten der charismatischen Bewegung in den USA, in der er sich für eine Erneuerung und Belebung des Christentums eingesetzt hat. Freundschaft und religiöser Austausch verbindet ihn bis heute mit dem evangelischen Prediger und politischen Aktivisten Jim Wallis. Geistig beeinflusst hat ihn vor allem der 1968 verstorbene Trappistenmönch Thomas Merton. Quellen seiner Inspiration sind neben Jesus Christus, Franz von Assisi, Meister Eckhart, Dietrich Bonhoeffer, Carl Gustav Jung und auch östliche Sufi- und Zen-Traditionen.

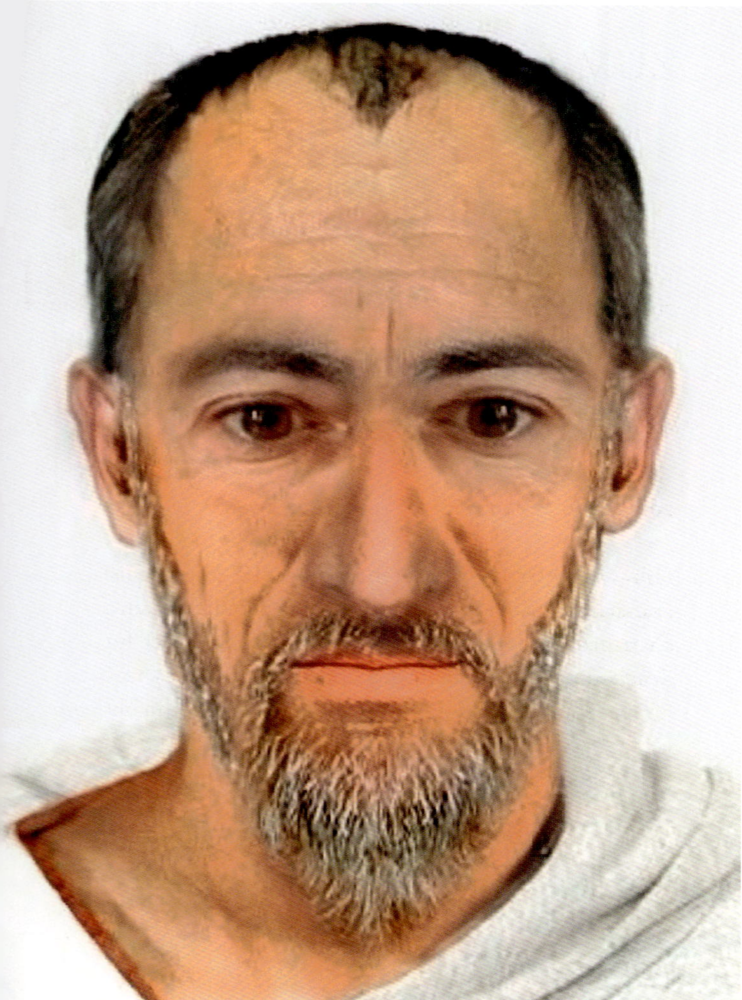